Sizilien

Herbert
Hartmann

Christoph
Wetzel

Sizilien

Kunst und Kultur

belser

Abbildung Seite 1:
Triquetra, das Symbol Siziliens. Drei angewinkelte Beine umgeben das geflügelte Haupt der Medusa mit Schlangen im Haar. Die Gliedmaßen bewegen die ursprünglich als schwimmend vorgestellte Insel. Die älteste erhaltene Darstellung der „Dreibeinigen" findet sich als Innenbild einer griechischen Schale aus dem 7. Jahrhundert v. Chr. im Museo Archeologico regionale von Agrigent. Die Abbildung auf Seite 118 zeigt die Triquetra im Mittelfeld der italienische Trikolore aus der Zeit der Revolution von 1848/49. Heute gehört das als apotropäisches, Unheil abwehrendes Zeichen an Schiffen angebrachte inoffizielle Wappen Siziliens beispielsweise als Anhänger von Halsketten zu den Motiven sizilianischer Souvenirs.

Frontispiz Seite 2:
Der Tempel von Segesta
Das Landschaftsbild bringt ein Wesensmerkmal der griechischen Sakralarchitektur zum Ausdruck: die auf Fernsicht berechnete Konzeption des Tempels als monumentaler Schrein. Aus der Nähe erweist sich das antike Baudenkmal von Segesta als fragmentarisch, was nicht auf Zerstörung und Steinraub zurückzuführen ist, sondern durch die Einstellung der um 425 v. Chr. begonnenen Bautätigkeit zurückzuführen ist. Der Grund könnte Geldmangel gewesen sein, denn der unermessliche Reichtum, den eine Gesandtschaft aus Segesta den Athenern demonstriert hatte, um sie zur militärischen Sizilischen Expedition (415–413 v. Chr.) zu verlocken, war – wie Thukydides berichtet – nur vorgetäuscht. Das griechische Theater von Segesta zeigt die Abbildung auf Seite 37.

Umschlagvorderseite:
Kathedrale Santa Maria Nuova, Kreuzgang des Benediktinerklosters, Monreale
© mauritius images/CuboImages

Bibliografische Information der Deutschen Nationalbibliothek
Die Deutsche Nationalbibliothek verzeichnet diese Publikation in der Deutschen Nationalbibliografie; detaillierte bibliografische Daten sind im Internet über http://dnb.d-nb.de abrufbar.

Grafische Gestaltung, Satz und Produktion: Buchherstellung Dotzauer, Stuttgart
Lektorat: Regine Weisbrod, Mainz
Reproduktionen: Zanotto Silverio & C., Tezze, Italien
Druck: Print Consult, München

FSC www.fsc.org
MIX
Papier aus verantwortungsvollen Quellen
FSC® C105694

ISBN 978-3-7630-2608-1

Inhalt

Vorwort

Sizilien – die Dreibeinige (Triquetra) oder Dreispitzige (Trinakria) der Griechen, christlich ausgestattet mit je einem Schutzheiligen für jede der Inselspitzen, oder auch der Ball an der Spitze des Stiefels Italien.

Sizilien – Insel im Herzen des Mittelmeeres, im Brennpunkt der Kulturen, reich an Zeugnissen der Vorgeschichte und des Altertums, des byzantinisch-arabisch-normannischen sowie des staufischen Mittelalters bis hin zum Kirchen- und Städtebau des Barock aus der spanischen Epoche.

Sizilien – eine Quelle der Wiederentdeckung der klassischen Kunst und Kultur durch das lernbegierige 18. Jahrhundert und aus romantischer, gefühlsbetonter Sicht mit Sinn für die Dramatik des Naturgeschehens, „der Lustgarten Europens, dessen vereinte Säfte darin zu den wunderbarsten Bäumen und Blumen treiben, der von Skylla und Charybdis gegen äußere Feinde bewacht, nur in seinem Innern einen jetzt fast beschwichtigten, einst aber furchtbar tobenden und zerstörenden Feind, den Ätna trägt, der unzählige Mal die friedlichen Ölbäume mit seinen Feuerströmen bedeckt hat, während der Schnee in den Klüften seines Wipfels die Bewohner gegen die heiße Sonne kühlt."

„Abwechselnd", so fährt Achim von Arnim in seinem Roman *Gräfin Dolores* (1810) fort, „zeigt die Insel die Spuren der ungeheueren Bevölkerung früherer Zeit: die großen Stadtmauern laufen durch öde Feldmarken, in den Überresten eines Theaters liegt zuweilen der ganze Rest einer Stadt, der es ehemals zum vorübergehenden Vergnügen erbaut war; dann trifft der Reisende auf so ungeheuere Zerstörung, dass er die Kühnheit eines Volkes bewundert, das sich mitten darin anzubauen wagt, und während der Arbeit, die so oft vergebens gewesen, wie bei einem Spiele alles absingt, was andre Völker träge, langsam und verdrossen sprechen" (IV, 13).

Sizilien – Ziel des in Leipzig beginnenden *Spaziergangs nach Syrakus* im Jahre 1802 von Johann Gottfried Seume, auf dessen Spuren Friedrich Christian Delius den Helden des *Spaziergangs von Rostock nach Syrakus* (1995), literarische Vorlagen des 19. Jahrhunderts aktualisierend, reisen lässt, den Kellner Paul Gompitz nämlich. Ihm gelingt es zwar, 1982 die DDR unbemerkt zu verlassen, um seine Bildungsreise anzutreten – die Rückkehr erweist sich als weit gefährlicher.

Sizilien – Schauplatz einer von der geschichtlich-gesellschaftlich verwurzelten Mentalität der Sizilianer geprägten Spielart des Krimis wie in jüngster Zeit der Romane von Andrea Camilleri mit der Hauptfigur des Grüblers und Feinschmeckers Commissario Montalbano im Hafenstädtchen Vigàta (= Porto Empèdocle bei Agrigent) und des 1996 in Venedig mit dem Sonderpreis der Jury ausgezeichneten Films *Der Mann, der die Sterne macht*. Sein Thema: durch einen betrügerischen Talentsucher evozierte Erwartungen vom Schafhirten bis zum Mafioso. Die parabolische Bedeutung seiner mit Laien inszenierten Komödie deutete der Regisseur Giuseppe Tornatore mit den Worten an: »In der Nachkriegszeit haben alle geglaubt, dass eine bessere Zukunft nur durch Politik möglich ist. Heute wissen sie, dass es mit allem anderen geht – nur nicht mit der Politik.«

25 Jahre zuvor diente dem Regisseur Pietro Germi Sizilien als Schauplatz einer exemplarischen Konfliktlösung: des Gattenmordes aus verletzter Ehre. Seinen Film *Scheidung auf italienisch* kommentierte er: „Das Wort ‚Scheidung' ist eines derjenigen Wörter, die Italiener zu unwilligem Stirnrunzeln bringt. Kein Wunder: Mit gleicher Antipathie würde ein Amerikaner das Wort ‚Neger', ein Franzose das Wort ‚Kolonien' und ein Russe das Wort ‚Stalin' aussprechen. Das kommt daher, dass die einen das Rassenproblem haben, die anderen noch nicht frei von Größenwahn sind und die anderen unsicher, in welcher Tonart sie den Namen aussprechen sollen. Für uns Italiener ist ein Neger ein Mensch wie jeder andere, die Kolonien sind eine Krankheit, von der wir glücklicherweise genesen sind, und Stalin ist für uns eine Operettenfigur. Scheidung, aber – nein! In diesem Begriff sind alle diese Komplexe für uns vermischt." Die Wahl des Schauplatzes fiel auf Sizilien, „weil im Lande von Pirandello die allgemeine Denkungsart an Verrücktheit grenzt, weil dort die ‚Ehre' wichtiger ist als alles andere."

Tornatore und Camilleri finden sich in den letzten Einträgen zum „Schauplatz Sizilien" in Literatur, Oper und Film im Anschluss an eine geschichtliche Zeittafel bis zur UNO-Konferenz über den Kampf gegen das organisierte Verbrechen (Palermo, Dezember 2000). Sie ordnet die vielfältigen Stimmen und Perspektiven, die unsere Bilderreise durch Sizilien begleiten, in den chronologischen Zusammenhang ein. Hier wie dort kommen auch historische Handbücher und Reiseberichte zu Wort bis hin zu Goethes *Italienischer Reise* (ersch. 1816/17).

Den Ausgangspunkt unserer in fünf Regionen gegliederten Reise bildet Messina. Vom „Tor zur Insel" führt der Weg entlang der Ostküste über Taormina nach Catania. Von Syrakus aus erreichen wir die Städte im „barocken Südosten" sowie entlang der Südküste die einst blühenden griechischen Städte Agrigent und Selinunt, an der Westküste und in deren Hinterland Mazara, Marsala, Erice, Trapani und Segesta. Dem Aufenthalt in Palermo und Monreale folgt die Wegstrecke entlang der Nordküste zur Villa des Prinzen von Palagonien in Bagheria und zum Normannendom in Cefalù. Der Umrundung der Insel folgen der Weg ins Landesinnere und die Besteigung des Ätna. Den Abschluss bildet der sizilianische Inselbogen von Pantelleria vor der Küste Afrikas bis zur mythischen Heimat des Herrn der Winde, Aiolos, auf den Äolischen bzw. Liparischen Inseln.

Die geografisch orientierte Route lässt Raum für thematische Schwerpunkte vom Verhältnis zwischen Mythos und Geschichte über die arabisch-normannisch-staufischen Bestandteile der Insignien und Kleinodien des Heiligen Römischen Reiches über das spanische Erbe Siziliens im Spiegel der Kirchen- und Heiligenfeste bis zu Malern von europäischem Rang, die mit Sizilien in Verbindung stehen: Antonello da Messina, Caravaggio und Renato Guttuso.

Allein schon die Namen der Reisestationen scheinen Achim von Arnims rhetorische Frage zu beantworten: „Wer kennt Sizi-

Auf der Piazza Pretoria in der Altstadt Palermos fand 1573 ein Brunnen mit Statuen von Fluss- und Meeresgöttern sowie Nymphen Aufstellung, den Francesco Camilliani 1554/55 für einen Privatgarten in Florenz geschaffen hatte (vgl. Abb. S. 55). Zum architektonischen Rahmen gehören das ehemalige Rathaus und die 1568 begonnene Dominikanerinnenkirche Santa Caterina mit einer Kuppel aus dem 18. Jahrhundert.

liens Reize nicht, alle Reisebeschreiber alter und neuer Zeit erschöpfen sich in Lob." Kennen wir sie wirklich? Und was das unerschöpfliche Lob betrifft, so macht zumindest Goethe eine Ausnahme, der im Mai 1787 nach dem Abschied von Messina, einer vom Erdbeben des Jahres 1783 noch schwer gezeichneten Stadt, das melancholisch anmutende Fazit zog: „Wir hatten doch eigentlich nichts gesehen, als durchaus eitle Bemühungen des Menschengeschlechts, sich gegen die Gewaltsamkeit der Natur, gegen die hämische Tücke der Zeit und gegen den Groll ihrer eigenen feindseligen Spaltungen zu erhalten."

Doch diese „wahrhaft seekranken Betrachtungen eines auf den Wogen des Lebens hin und wider Geschaukelten" ließ Goethe „nicht Herrschaft gewinnen" (Messina und auf der See, 13. Mai 1787; zitiert hier und im Folgenden nach dem 11. Band, Sonderausgabe München 1999, der „Hamburger Ausgabe" der Werke Goethes). Seiner in der *Iphigenie* ausgedrückten Griechenland-Sehnsucht, deren naturhafte Erfüllung ihm Sizilien schenkte, ist ebenfalls ein thematischer Schwerpunkt gewidmet. Zweifellos kann der ebenso sorgfältige wie selektive Beobachter Goethe, dem das arabisch-normannische und das byzantinische Erbe Siziliens noch fremd blieb, auch dem heutigen, für zeitbedingte kulturgeschichtliche Blickwinkel aufgeschlossenen Besucher als Wegbegleiter durch Sizilien gute Dienste leisten. Er repräsentiert auf vorbildliche Weise die Bereitschaft zu vielfältiger Wahrnehmung, um den Reichtum des oft lautstarken Landes der *omertà*, der Schweigepflicht, in den hier zutage tretenden Gegensätzen und Widersprüchen wahrzunehmen.

1 Die ionische Küste

Bei der Anreise auf dem Landweg und der Überquerung des Stretto di Messina auf einer Fähre oder im Tragflügelboot bildet Messina das Tor Siziliens. Die an ihrer engsten Stelle 2800 Meter schmale Meeresstraße zwischen dem Festland und der Insel verbindet das Tyrrhenische mit dem Ionischen Meer; ein Gefälle von etwa einem halben Meter erzeugt bei alternierendem Ausgleich der Strömungskräfte Strudel, deren Gefahren sich im Mythos von Skylla und Charybdis widerspiegeln.

Das „Tor zur Insel" nutzten sowohl die Truppen Roms, als sie Messina Beistand leisteten und damit den Ersten Punischen Krieg (264–241 v. Chr.) auslösten, als auch die Normannen: Von einem mit dem messinesischen Herrscher rivalisierenden Emir zu Hilfe gerufen, leitete Roger I. im Jahr 1061 durch die Eroberung dieser Stadt die Errichtung der normannischen, Ende des 12. Jahrhunderts an die Staufer vererbten Herrschaft über Sizilien ein.

Die Geschichte Messinas reicht bis in die Frühzeit der griechischen Kolonisation im westlichen Mittelmeer zurück, doch sind die Spuren der Vergangenheit nahezu gänzlich ausgelöscht: Epidemien und Naturkatastrophen entvölkerten und zerstörten die Hafenstadt bis hin zu den verheerenden Erdbeben der Jahre 1783 und 1908. Der mit internationaler Unterstützung vorgenommene Wiederaufbau im ersten Drittel des 20. Jahrhunderts wurde 1943 weitgehend zunichte. Dennoch ist die Provinzhauptstadt Messina mit ihren knapp 300 000 Einwohnern heute nach Palermo und Catania die drittgrößte Stadt der Insel, wirtschaftlich geprägt vom Dienstleistungssektor. Die Schifffahrt verbindet Messina mit den Liparischen Inseln und mit Malta, der Straßen- und Schienenverkehr mit Palermo im Westen und entlang der Ostküste mit Catania.

An dieser Küste des Ionischen Meers begann in enger Nachbarschaft mit sikulischen Siedlungen oder durch deren Eroberung die griechische Kolonisation Siziliens: Der Gründung von Naxos (um 735 v. Chr.) in der Nähe des heutigen Giardini-Naxos folgten um 730 v. Chr. die Kolonien Lèntini und Megara Hyblaea (Siedler aus Megara bei Korinth) sowie 729 v. Chr. die Einnahme des sikulischen Katane, aus dem sich Catania entwickelte. Zu den Bauzeugnissen der Römerherrschaft gehören die Theater in Catania und Taormina; hier erinnert ein Festungsturm im Innenhof des gotischen Palazzo Corvaia an die Araber. Normannische Gründungen sind die Festung auf dem Felsen von Aci Castello, die Kirche Santi Pietro e Paolo bei Castelvecchio Siculo (erbaut unter Roger II. 1116) und der Dom von Catania, das mit dem Castello Ursino eine gut erhaltene, nach arabischem Vorbild quadratisch angelegte staufische Festung besitzt. Ebenfalls unter Friedrich II. entstand zur Sicherung der Küste auf einer Insel die Stadt Augusta. Im Bild der häufig von Erdbeben heimgesuchten Städte der Ostküste dominieren jedoch die spätbarocken Kirchen und Stadtpaläste des 18. Jahrhunderts.

Farbenfroh geschmückte Akteure sizilianischer Festumzüge, hier in Taormina, sind die Zugtiere der bemalten zweirädrigen Karren, ausgestattet mit wehendem Kopfputz und prachtvollen Schabracken. Zu ihrer Zierde gehört Paillettenstickerei, eine Spezialität des textilen Kunsthandwerks.

Aus Lèntini stammt Giacomo da Lentini; als Mitglied der Sizilianischen Dichterschule am Hof Friedrichs II. gilt er als Wegbereiter der italienischen Lyrik und als Schöpfer des Sonetts.

In Catania wurden zwei bedeutende Künstler des 19. Jahrhunderts geboren: der Opernkomponist Vincenzo Bellini und der Schriftsteller Giovanni Verga. Catania (heute mit 400 000 Einwohnern nach Palermo die zweitgrößte Stadt Siziliens) gehört zu den Schauplätzen des Romans *Don Giovanni in Sicilia* (1942) von Vitaliano Brancati, der hier an der 1434 gegründeten und somit ältesten Universität Siziliens Literatur studiert hatte, bevor er sich in Rom und schließlich in Turin niederließ.

Südlich von Messina erstreckt sich zwischen dem Ionischen Meer und den rasch über 1200 Meter ansteigenden Monti Peloritani ein schmaler, fruchtbarer Küstenstreifen, den in Abständen die Mündungsebenen der in den Bergen entspringenden Flüsse verbreitern. Die meiste Zeit des Jahres sind diese „Fiumare" ausgetrocknet, im Winter und Frühjahr jedoch verwandeln sie sich bei starkem Regen in reißende Ströme. Den zerklüfteten Bergflanken entsprechen die ähnlich verwitterten Felsklötze im Meer. Die Aufnahme zeigt eine Badebucht zu Füßen von Taormina, das im Rücken des Betrachters liegt. Weite Ausblicke über den Küstensaum bietet die zumeist auf hochgelegenen Trassen geführte Panoramastraße A 18, während die N° 114 die Küstendörfer verbindet.

Skylla und Charybdis. Die sprichwörtliche Wahl zwischen zwei Übeln, die sich in nichts unterscheiden, wurzelt im Abenteuer des Odysseus in der Meerenge von Messina. Kaum dem betörenden Gesang der grausamen Sirenen entronnen, so berichtet der leidgeprüfte Irrfahrer im XII. Gesang der *Odyssee*, steuert sein Schiff auf den Strudel der Charybdis zu, die an der nordwestlichen Einfahrt lauert. Um diesem Ungeheuer auszuweichen, gerät das Schiff in die Nähe der in einer gegenüberliegenden Höhle hausenden Skylla: Mit ihren sechs Köpfen an langen Hälsen reißt sie auf einen Schlag sechs Ruderer von ihren Bänken (Abb. S. 81).

Nach dem Frevel an den Rindern des Helios, den die letzten Gefährten mit dem Leben gebüßt haben, wird Odysseus auf einem Floß erneut in die Meerenge getrieben. Indem es hochkant im Strudel der Charybdis verschwindet und Odysseus in die Luft schleudert, rettet diesen der Ast eines Feigenbaumes. Als Charybdis das arg beschädigte Floß am Abend wieder ausspeit, taugt es Odysseus dennoch zur Flucht, die ihn zur Insel der Kalypso führt. Heute wird die Sogwirkung der Charybdis mit der nordöstlichen Spitze Siziliens mit Namen Punta del Faro identifiziert und Skylla findet sich beim kalabrischen Küstenort Scilla.

In Messina flankieren die allegorischen Gestalten von Skylla und Charybdis die Hauptfigur des Neptunbrunnens (1551–57) am Hafenbecken, ein Werk des Michelangelo-Schülers Giovanni Montorsoli. Von ihm stammt auch der Orionbrunnen (1547–53) auf dem Domplatz mit der Figur des mythischen Stadtgründers Orion.

Roms erster Schritt zur Weltherrschaft. Ein lokaler Konflikt, in dem sich das antike Messana um Unterstützung von außerhalb der Insel bemühte, wurde für Rom zum Anlass, die natürlichen Grenzen seines Herrschaftsbereichs zu überschreiten. Gegründet wurde die Stadt an der Nordostspitze der Insel um 730 v. Chr., etwa zur Zeit der Entstehung der *Odyssee*, durch griechische Kolonisten aus Cumae bei Neapel. Den Grund für die ursprüngliche Benennung als Zankle (griech. Sichel) gibt auch heute noch die Überschau aus der Vogelperspektive zu erkennen: Eine sichelförmig gekrümmte Landzunge umgrenzt den Naturhafen. Aus Zankle wurde Messana, nachdem hier um 490 v. Chr. – zur Zeit der Perserkriege – Flüchtlinge aus Milet und Samos sowie aus Messenien Zuflucht gefunden hatten, gefolgt von Bewohnern Kampaniens.

Die Rivalität Messanas insbesondere mit Syrakus spitzte sich um 265 v. Chr. zu; messananische Gesandtschaften mit der Bitte um Schutz trafen in Karthago ein, aber auch in Rom. Hier gewannen die Befürworter eines als Beistand getarnten Beutezugs die Oberhand. Nachdem die Römer 264 v. Chr. die Straße von Messina überquert hatten, stießen sie auf Truppen Kartha-

Colonna rostrata des Duilio; Rom, Museo della Civiltà Romana. Das Ehrenmal ist mit erbeuteten Ankern und Schiffsschnäbeln geschmückt und erinnert an den römischen Seesieg bei Milazzo nordwestlich von Messina 260 v. Chr., im vierten Jahr des Ersten Punischen Krieges. Schiffsschnäbel (lat. *rostrum*) als Sporn bzw. Ramme dienten in der Kriegstechnik der Seemacht Karthago als Stoßwaffe, während sich die Landmacht Rom darauf spezialisierte, durch das Entern der gegnerischen Schiffe ihre Fußtruppen zum Einsatz zu bringen. Den hohen Rang von Schiffsschnäbeln als Trophäen bereits im 4. Jahrhundert belegt die Bezeichnung der mit diesen „exotischen" Gegenständen ausgestatteten Rednertribüne vor dem Sitzungssaal in Rom als Rostra, beurkundet seit dem Jahr 338 v. Chr.

gos, das seinerseits den Schutz Messanas beanspruchte. Der dadurch ausgelöste Erste Punische Krieg endete 241 v. Chr. mit dem Verlust sämtlicher Stützpunkte Karthagos auf Sizilien und verwandelte die Landmacht Rom in eine Seemacht, die sich anschickte, die mediterrane Welt in Besitz zu nehmen.

Licht- und Schattenseiten. Der erste römische Brückenkopf auf Sizilien entwickelte sich zum mächtigen Flottenstützpunkt und Handelshafen, dessen Nähe zum Festland den regen Warenumschlag begünstigte. Zwar wurde Messina zur Zeit der arabischen Herrschaft (843–1061) von den westlichen Hafenstädten aufgrund ihrer günstigeren Verkehrsverbindungen zu Afrika und Spanien überflügelt, doch belebte sich der Handel seit der Zeit der Normannen neu und brachte der Stadt Sonderrechte wie das Exportmonopol für Rohseide.

Seine strategische Bedeutung im Zentrum des Mittelmeers bewies Messina 1571: Von hier aus segelte die Flotte der zwischen Papst Pius V., Philipp II. von Spanien und Venedig gebildeten Heiligen Liga gegen die Flotte der Türken, die zuvor Zypern erobert hatten; bei Lepanto (heute Nafpaktos nördlich des Golfs von Korinth) kam es am 20. Mai 1571 zur entscheidenden Seeschlacht, die den Niedergang der osmanischen Vorherrschaft im Mittelmeer einleitete. Ein Denkmal auf dem Domplatz von Messina ehrt den Sieger von Lepanto, Don Juan d'Austria. Juan war ein Kosmopolit des 16. Jahrhunderts, geboren 1547 in Regensburg als Sohn der Kaufmannstochter Barbara Blomberg und des Kaisers Karl V. Er starb 1578 als Statthalter der aufständischen Niederlande.

Der scheinbar unaufhaltsame Aufstieg Messinas gipfelte in einem Bündnis der Stadt mit Frankreich unter Ludwig XIV. gegen die spanische Herrschaft. Doch von seinem mächtigen Bundesgenossen im Stich gelassen, unterlag das aufständische Messina 1678 und verlor seine Privilegien. Innerhalb von 70 Jahren verringerte sich die Zahl der Einwohner von 120000 auf ein Drittel, nachdem 1743 die Cholera gewütet hatte, 1783 gefolgt von einem Erdbeben, dem weitere 12000 Menschen zum Opfer fielen.

Als sich Goethe vier Jahre nach dem Erdbeben in Messina, der letzten Station seiner in Palermo begonnenen Sizilienreise, aufhielt, gaben ihm die Zerstörungen Anlass zu einer allegorisch anmutenden Betrachtung über vorgetäuschten Wohlstand. Der betreffende Abschnitt in der *Italienischen Reise* (1816/17) verbindet meisterhaft die moralisierende Botschaft mit sachkundigen Mitteilungen, die durch bildhaft-metaphorische Wortwahl („zahnlückig") und eine Anekdote (es wird „Folgendes erzählt") anschaulich werden. Als Beispiel eigener Beobachtung dienen Goethe die am Hafen sichelförmig gereihten Gebäude der Palazzata. Die Fassaden der Paläste sind in unterschiedlichem Ausmaß eingestürzt, „sodass diese ehemalige Prachtreihe aufs Widerlichste zahnlückig erscheint". Die Wohnungen selbst waren vollständig zu Bruch gegangen. „An diesem seltsamen Phänomen ist Ursache, dass nach der von Reichen begonnenen architektonischen Prachtanlage weniger begüterte Nachbarn, mit dem Scheine wetteifernd, ihre alten, aus größeren und kleinern Flussgeschieben und vielem Kalk zusammengekneteten Häuser hinter neuen, aus Quaderstücken aufgeführten Vorderseiten versteckten. Jenes an sich schon unsichere Gefüge musste, von der ungeheuren Erschütterung aufgelöst und zerbröckelt, zusammenstürzen; wie man denn unter manchen bei so großem Unglück vorgekommenen wunderbaren Rettungen auch Folgendes erzählt: der Bewohner

Antonello da Messina, *Bildnis eines Unbekannten*; Öl auf Holz, 35 x 25 cm; London, National Gallery. Eine wohl im 17. Jahrhundert entstandene Überlieferung betrachtet das Werk als ein Selbstbildnis des in Messina um 1430 geborenen und 1479 gestorbenen Malers der Frührenaissance. Werke Antonellos besitzen neben London die Gemäldegalerien in Berlin, Dresden, München, Palermo, Rom, Turin und das Regionalmuseum in Messina (vgl. S. 100).

eines solchen Gebäudes sei im furchtbaren Augenblick gerade in die Mauervertiefung eines Fensters getreten, das Haus aber hinter ihm völlig zusammengestürzt; und so habe er, in der Höhe gerettet, den Augenblick seiner Befreiung aus diesem luftigen Kerker beruhigt abgewartet. Dass jene aus Mangel naher Bruchsteine so schlechte Bauart hauptsächlich schuld an dem völligen Ruin der Stadt gewesen, zeigt die Beharrlichkeit solider Gebäude. Der Jesuiten Kollegium und Kirche, von tüchtigen Quadern aufgeführt, stehen noch unverletzt in ihrer anfänglichen Tüchtigkeit."

Geschichte und Geologie in Verbindung setzend, fährt Goethe fort, der „äußerst verdrießliche Anblick" von Messina erinnere „an die Urzeiten, wo Sikaner und Sikuler diesen unruhigen Erdboden verließen und die westliche Küste Siziliens bebauten" (Messina, 13. Mai 1787).

Messina aus Weimarer Sicht. Bemüht, seinem Trauerspiel *Die Braut von Messina* – dem Versuch einer Erneuerung der antiken Tragödie mit Chören – geschichtlichen Realitätsgehalt zu verleihen, wählte Friedrich Schiller als Schauplatz Messina, „wo sich Christentum, griechische Mythologie und Mohammedanismus wirklich begegnet und vermischt haben" (Brief an Christian Gottfried Körner, 10. März 1803). Die Oberhand gewann allerdings die formale Technik des „analytischen Dramas", bei dem die Gegenwartshandlung – die tödlich endende Eifersucht zwischen den verfeindeten Brüdern Manuel

Carl Wilhelm Götzloff, *Teatro Greco in Taormina*, 1831; Öl, 16,2 x 23 cm; Schweinfurt, Sammlung Schäfer. Die Studie des ab 1825 in Neapel lebenden Dresdners zeigt das antike Baudenkmal vor der Freilegung der in römischer Zeit zur Arena umgebauten Orchestra und der unteren Zuschauerränge.

und Cesar, die beide Beatrice lieben, ohne zu wissen, dass sie ihre Schwester ist – lediglich als Rahmen dafür dient, die Vorgeschichte zu enthüllen.

„Sizilianisch" ist allenfalls der Trost, den einer der beiden Chöre angesichts der Verwicklungen des Volkes in die Kämpfe der Usurpatoren findet: „Die fremden Eroberer kommen und gehen, / Wir gehorchen, aber wir bleiben stehen." Als das Drama 1803 in Weimar uraufgeführt wurde, gewann dieser Satz für hellhörige Ohren prophetische Bedeutung angesichts der französischen Expansionspolitik.

Zerstörte Symbiose. Als „Tor der Insel" weckt Messina die Erwartung, bereits hier den geschichtlichen Zeugnissen jenes Zusammenlebens von Kulturen zu begegnen, das Sizilien trotz machtpolitisch oder geologisch verursachter Verwüstungen auszeichnet. Doch diese Erwartung wird nur zu einem geringen Teil erfüllt: Die Erdbeben von 1783 und 1908 sowie das Bombardement der Alliierten 1943 haben das historische Messina in Schutt und Asche gelegt. Das einzige erhaltene Bauwerk aus normannischer Zeit im byzantinischen Stil ist die Kirche Santissima Annunziata dei Catalani aus dem 12. Jahrhundert. Marmorinkrustationen und Blendarkaden mit schlanken Säulen und Medaillons in den Rundbögen schmücken die Außenmauern und umrunden den hohen, nahezu fensterlosen Tambour der Flachkuppel. Architektonische Überreste der zerstörten Kirchen und Paläste bewahrt das 1914 eingerichtete Regionalmuseum in einer ausgedehnten Gartenanlage. Die Säle dokumentieren die Epochen der bildenden Kunst in Messina mit Werken des Antonello da Messina und des von Rom nach Malta, dann nach Sizilien geflohenen Caravaggio.

Die „Perle Siziliens". Um 735 v. Chr. gründete Theokles von Athen mit Siedlern von der Halbinsel Chalkidike die erste griechische Kolonie auf Sizilien: die Stadt Naxos am Capo Schisco. Eine mehr als dreihundertjährige Blütezeit fand 401 v. Chr. ihr Ende mit der Eroberung durch den Tyrannen Dionysios I. von Syrakus. (Überreste von Naxos wurden in der Nähe des heutigen Küstenortes Giardini-Naxos freigelegt.) Die Flüchtlinge fanden Asyl in einer Stadt, die einst von Sikulern auf einer Felsterrasse des Monte Tauro gegründet wurde. Hier entstand Tauromenion, das heutige Taormina.

Der im 13. Jahrhundert gegründete Dom, Stadtpaläste wie der mit zinnenbekrönter Fassade ausgestattete Palazzo Corvaia (im Innenhof befindet sich der einzige in Europa erhaltene arabische Festungsturm), die Badia Vecchia und der Palazzo Duca di San Stefano (alle aus dem 14./15. Jahrhundert) sowie von Gärten umgebene Villen und Luxushotels prägen den Charakter der hoch über dem Meer und in sicherer Entfernung vom Ätna ausgebreiteten Stadt.

Vor allem aber besitzt Taormina eines der eindrucksvollsten sizilianischen Baudenkmäler der Antike: das Theater unter freiem Himmel. Es wird zwar als „Teatro Greco" bezeichnet, ist jedoch eine zuletzt in der römischen Kaiserzeit in eine Kampfstätte umgewandelte Anlage. Von den oberen Rängen aus bietet sich ein unvergleichliches Raum- und Landschaftserlebnis. Goethe hat es als das „ungeheuerste Natur- und Kunstwerk" empfunden: „Setzt man sich nun dahin, wo ehemals die obersten Zuschauer saßen, so muss man gestehen, dass wohl nie ein Publikum im Theater solche Gegenstände vor sich gehabt. Rechts zur Seite, auf höheren Felsen, erheben sich Castelle, weiter unten liegt die Stadt, und obschon diese Baulichkeiten aus neueren Zeiten sind, so standen doch vor Alters wohl eben dergleichen auf derselben Stelle. Nun sieht man an dem ganzen langen Gebirgsrücken des Ätna hin, links das Meerufer bis nach Catania, ja Syrakus; dann schließt der ungeheure, dampfende Feuerberg das weite, breite Bild, aber nicht schrecklich, denn die mildernde Atmosphäre zeigt ihn entfernter und sanfter, als er ist" (Taormina, 7. Mai 1787).

Das Fest der hl. Agatha. Alljährlich begeht Catania vom 3. bis 5. Februar das Fest seiner Schutzheiligen mit der processione dei cannelori, benannt nach den meterhohen, reich verzierten Holztürmen, die an langen Seilen durch die Stadt gezogen werden. Sant'Agata, die christliche Tochter einer wohlhabenden Familie Catanias, wies die Werbung des Statthalters Quintian zurück und sollte daraufhin durch eine Kupplerin zur Unzucht verführt werden. Ihre Standhaftigkeit büßte sie unter Kaiser Decius (reg. 249–251) mit dem Martyrium – einem der grausamsten in der Heiligenliteratur, auf das Agathas Attribut der zwei auf einer Schale liegenden Brüste hindeuten. Das erste Wunder ereignete sich bereits 252 am Jahrestag ihres Todes: Durch eine Tafel, die ein Engel in den Sarkophag der Märtyrerin gelegt hat, wird ein die Stadt bedrohender Lavastrom abgelenkt; auf der Tafel wird die Inschrift sichtbar: „Mentem sanctam spontaneam, honorem Deo et patriae liberationem" (Sie erreichte augenblickliche Heiligung ihres Geistes, Ehre von Gott und die Rettung ihrer Heimat).

Die Sant'Agata geweihte Kirche an der Nordseite des um 1097 als Wehrkirche gegründeten Normannendoms gehört zu den Hauptwerken des Stadtbaumeisters (seit 1730) Giovanni Battista Vaccarini. Die Badia di Sant'Agata (1735–75) ist ein innen schneeweißer Zentralbau; ihre Kuppel korrespondiert mit jener des von Vaccarini barock umgestalteten Domes.

Erinnerungen an die Staufer. Westlich des Porto Vecchio von Catania erhebt sich das quadratische Castello Ursino mit vier runden Ecktürmen und zwei (ursprünglich vier) halbrunden Türmen an den Außenmauern. Friedrich II. reagierte mit der 1239 errichteten Zwingburg auf einen Aufstand Catanias, das wie die gesamte ionische Ostküste im Abseits der staufischen Herrschaft lag. Im 14. Jahrhundert diente das Castello

Ursino den aragonesischen Königen zeitweise als Residenz, im 19. Jahrhundert als Gefängnis; heute beherbergt es das Städtische Museum.

1827 brachte der 1801 in Catania geborene und in Neapel ausgebildete Komponist Vincenzo Bellini in Mailand seine Oper *Il pirata* (Der Pirat) zur Uraufführung. Die Handlung spielt nach der Niederlage des Staufers Manfred im Kampf gegen Karl von Anjou im Jahr 1266. Der Titelheld, Gualtiero Conte di Montalto, ein Anhänger Manfreds und inzwischen Anführer aragonesischer Piraten, fällt in die Hände seines Rivalen Ernesto Duca di Caldora, eines Anhängers der Anjou, der Gualtieros Geliebte Imogene zur Ehe gezwungen hat. Diese verfällt in Wahnsinn, nachdem Gualtiero im Duell Ernesto getötet und zum Tode verurteilt worden ist. 1835 in Puteaux bei Paris gestorben, fand Bellini seine Grabstätte im Dom von Catania.

Die „Leidensfülle der Armen". Aci Trezza ist die Heimat der Familie Malavoglia. Ihr Oberhaupt 'Ntoni sowie dessen Kinder und Enkel werden zu Akteuren eines kolossalen Schicksalsgemäldes, das Giovanni Verga in seinem Roman *I Malavoglia* (1881) ausmalt. Die Kette der Katastrophen beginnt mit dem Untergang des mit auf Kredit erworbenen Waren beladenen Schiffes „Providenza" (Vorsehung); die Schwiegertochter Maruzza stirbt 1867 an der Cholera, ein zweiter Schiffbruch der wiederhergestellten „Providenza" macht den Enkel 'Ntoni zum Invaliden; er lässt sich mit Schmugglern ein und landet im Zuchthaus, seine Schwester Lia in der Gosse. *I Malavoglia*, entstanden als erster Teil eines unvollendeten Romanzyklus mit dem Titel *I vinti* (Die Besiegten), gehört zu den Hauptwerken des Verismo, der italienischen Ausprägung des Naturalismus.

1840 in Catania als Sohn einer adlig-großbürgerlichen Familie geboren, brach Giovanni Verga 1861 sein Jurastudium ab und setzte die schon früh begonnene Laufbahn als Schriftsteller zunächst in Florenz, dann in Mailand fort; 1894 kehrte er nach Catania zurück. 1920, zwei Jahre vor seinem Tod, wurde er zum Senator des Königreichs Italien ernannt. Begründer des Verismo wurde Verga durch seine 1874 in Mailand erschienene Novelle *Nedda*. Die hier sozialkritisch geschilderte „Leidensfülle der Armen" widersprach sowohl der klassizistischen Tradition als auch der romantischen Verklärung des Volkslebens.

Vergas neue Sicht verdeutlichte die 1880 erschienene Novellensammlung *Vita dei campi* (Landleben), beginnend mit der Erzählung *Cavalleria rusticana* (Bauernehre), deren dramatisierte Fassung 1884 in Turin uraufgeführt wurde. Im Mittelpunkt steht die psychologische Entwicklung eines Eifersuchtsdramas. Zum Welterfolg gelangte die *Cavalleria rusticana* als 1890 in Rom uraufgeführte Oper von Pietro Mascagni: Während der Militärzeit hat der junge Bauer Turiddu seine Geliebte Lola an den Fuhrmann Alfio verloren. In sein Dorf zurückgekehrt, geht Turiddu auf Lolas Versuch ein, ihre Beziehung zu erneuern. Dies erregt die Eifersucht der jungen Bäuerin Santuzza, die den angeblich auswärts tätigen Alfio unterrichtet. Er fordert Turiddu zum Zweikampf heraus, der nach sizilianischer Sitte mit Messern ausgetragen wird und dem Turiddu zum Opfer fällt. (1896 begann der 1876 in Catania geborene Tenor Giuseppe Anselmi seine Karriere an der Oper in Athen als Turiddu. In Motta Santa Anastasia bei Catania wurde 1921 der als Callas-Partner weltberühmte Tenor Giuseppe di Stefano geboren.)

Die nachhaltige Wirkung des literarischen Verismo bezeugt der neoveristische Neubeginn des italienischen Films nach 1945: Luchino Visconti inszenierte 1947 mit Laiendarstellern (assistiert von Francesco Rosi und Franco Zeffirelli) eine Filmversion der *Malavoglia* mit dem Titel *La terra trema* (Die Erde bebt, 1948 ausgezeichnet auf der Biennale in Venedig). Geblieben ist der Schauplatz Aci Trezza; an die Stelle der bei Verga vorherrschenden Leidensfähigkeit tritt jedoch die Revolte der Fischerfamilie Valastro gegen die Diktatur der Fischgroßhändler.

Der Fischmarkt, hier in Catania, gehört zu einem die Speisekarte Siziliens (S. 112 f.) prägenden Zweig des sizilianischen Wirtschaftslebens.

Mythos und Geschichte

Als die beiden ältesten schriftlich überlieferten Werke der abendländischen Literatur gelten gemeinhin zwei griechische Versepen aus dem 8. Jahrhundert v. Chr. Sie werden mit demselben Dichter namens Homer in Verbindung gebracht, obwohl in ihnen in religionsgeschichtlich-mythologischer und in historischer Hinsicht unterschiedliche Entwicklungsstufen erkennbar sind, die bereits im Altertum zu Zweifeln an einer gemeinsamen Autorenschaft geführt hatten. Während in der *Ilias* die Handlung wesentlich von den Interessen der Götter und deren wechselvollen Beziehungen zueinander mitbestimmt wird, beschränkt sich in der *Odyssee* das Einwirken der Olympier auf das irdische Geschehen auf wenige Entscheidungen. Den geschichtlichen Hintergrund der *Ilias* mit einer Episode (Zorn des Achilleus) von etwa 50 Tagen aus dem zehn Jahre währenden Krieg der Achäer gegen die Trojaner bilden Auseinandersetzungen im östlichen Mittelmeerraum auf kleinasiatischem Boden. Die *Odyssee* steht im Einklang mit der nach Westen gerichteten griechischen Kolonisation. An die Stelle einer allgegenwärtigen Präsenz der Unsterblichen treten die Verhaltensweisen der Sterblichen in ihrer Auseinandersetzung mit ihrer fremdartigen, naturmythologisch eingekleideten Umwelt, in der Märchenmotive wie Zauberei gedeihen. Zugrunde liegen wohl Seefahrergeschichten, vergleichbar dem neuzeitlichen Seemannsgarn.

Den ausführlichsten Fahrtenbericht enthalten der IX. bis XII. Gesang. Odysseus schildert am Hof des Phäakenkönigs Antinoos seine Abenteuer vom Aufbruch nach der Eroberung Trojas bis zur Ankunft bei Kalypso, die ihn zehn Jahre an sich fesselt, bis Hermes ihr die – von Athena erbetene – Anweisung des Zeus überbringt, Odysseus freizugeben. Ein Floß bringt ihn der Heimat nahe, bis Poseidon einen Sturm auslöst und der hilflos auf dem Meer Treibende an die Küste der Phäaken gespült wird.

Odysseus unter dem Widder, um 510/500 v. Chr., Fundort Agrigent; München, Staatl. Antikensammlung

Der Versuch, die Irrfahrten des Odysseus und seiner nach und nach ums Leben kommenden Gefährten im Mittelmeerraum abzustecken, besitzt nur wenige Fixpunkte, darunter Troja als Ausgangspunkt und die Insel Ithaka als Ziel. „Dazwischen" im Sinne des Weges, den die Handlung nimmt, liegen Küstenstriche und eine vielgestaltige Inselwelt als gleichsam in den unbekannten Westen projizierte Topographie des griechischen Erfahrungsbereichs im östlichen Mittelmeer.

Nach dem Aufbruch in Troja plündert die Flotte des Odysseus die Stadt Ismaros im Land der Kikonen; danach wird sie vom stürmischen Nordwind vorbei am Kap Malaia an der Südspitze der Peloponnes und an der Insel Kytheria zur Küste der Lotophagen getrieben. Wir dürfen die „Lotosesser“ in Nordafrika annehmen, ebenso die Kyklopen. Die Flotte ankert an einer Insel vor deren Küste und Odysseus besteht auf dem Festland das Abenteuer mit dem einäugigen Riesen Polyphem. Der IX. Gesang endet mit der Rückkehr des Odysseus und seiner am Leben gebliebenen Gefährten zur Insel und der gemeinsamen Weiterfahrt. Der X. Gesang handelt von König Aiolos auf einer „schwimmenden Insel“, der dafür sorgt, dass ein Westwind die Schiffe nach Ithaka treibt. Doch die frevelhafte Freilassung der widrigen Winde aus einem Sack durch die Gefährten, die darin ihnen vorenthaltene Geschenke vermuten, macht alle Hoffnungen zunichte. Odysseus tritt erneut als Bittsteller vor Aiolos, wird aber verjagt und zur Insel der Menschenfresser namens Laistrygonen verschlagen. Deren Wüten fallen sämtliche Schiffe zum Opfer, ausgenommen das Schiff des Odysseus. Er gelangt mit den verbliebenen Gefährten auf die Insel der Zauberin Kirke. Der XI. Gesang ist der Überquerung des Okeanos und der Befragung der Geister der Verstorbenen gewidmet, die aus dem Hades emporschweben. Es folgen im XII. Gesang die Insel der beiden Sirenen, die Durchfahrt zwischen den Meerungeheuern Skylla und Charybdis und das Schlachten von heiligen Rindern aus der Herde des Sonnenkönigs Helios. Dieser Frevel wird mit der Zerstörung des letzten Schiffes im Gewittersturm des Zeus gesühnt. Einzig Odysseus überlebt; er klammert sich an die Schiffstrümmer Kiel und Mast, wird vom Südwind erneut zu Skylla und Charybdis getrieben und strandet an der einsamen Insel Ogygia der Nymphe Kalypso.

Niccolo dell'Abbate, *Hades raubt Persephone*, um 1560; Öl auf Leinwand, 196 x 218 cm; Paris, Louvre

Dass diese Märchenwelt heute in Teilen als enträtselt erscheint, beruht auf der Mythologisierung des westlichen Mittelmeerraumes im Kontext der griechischen Kolonisation. Die Mythen, Sagen und Märchen, die sich um Sizilien ranken, sind in doppelter Hinsicht ätiologisch (von griech. *aitia*: Ursache), indem sie zum einen bestimmte Naturerscheinungen, Gepflogenheiten, auch Namen erklären, zum anderen die westliche Inselwelt in das griechische Weltbild einbeziehen. Die nördlich von Sizilien liegenden Liparischen Inseln werden als Äolische Inseln mit der Heimat des Gottes Aiolos identifiziert, während die Meerungeheuer Skylla und Charybdis die Straße von Messina unsicher machen. Die Felskegel vor der ionischen Ostküste bei Aci Trezza sind jene Felsbrocken, die der geblendete Polyphem ins Meer geschleudert hat, um seinen entflohenen Peiniger zu vernichten, was voraussetzt, dass sich die Höhle des Kyklopen auf Sizilien befindet. Wie Odysseus aus der Höhle entkommen ist, schildert die Malerei auf dem in einem Ausschnitt wiedergegebenen Gefäß, das in Agrigent, dem griechischen Akragas, gefunden worden ist: „Je einen Mann drei Hammel trugen, aber ich selber – / Denn ein Widder war da, von allen bei weitem der beste – / Griff den am Rücken und, an den wolligen Bauch mich schmiegend, / Hing ich und hielt, mit den Händen ins ungeheure Geflock mich / Krallend, unerschütterlich fest beharrenden Mutes“ (IX, Verse 430–434).

Die sizilianische Lokalisierung der *Odyssee* ist ein Bestandteil des mythologischen Erklärungsversuches, der im Feuer speienden Ätna die Funken sprühende Schmiede des Hephaistos erkennt, die Gründung von Syrakus mit der Nymphe Arethusa verbindet, die Entdeckung der Heilquellen in Heraklea Minoa bei Sciacca dem aus Kreta vor König Minos entflohenen Daidalos zuschreibt und als Schauplatz der Entführung der Persephone durch Hades die fruchtbare Ebene mit einem See zu Füßen des antiken Henna (heute Enna) betrachtet. Ein Beispiel für die griechische Neudeutung eines Mythos der Phönizier, die im westlichen Küstenbereich Fuß gefasst hatten, ist das nach Aphrodites Sohn Eryx benannte Erice; es wird von einem Felsen überragt, der dem Kult der phönizischen Liebesgöttin Astarte diente. Der Angleichung der römischen Mythologie an die griechische, aber auch dem Sieg der Römer über die Karthager (Punier) und Griechen auf Sizilien entspricht die Verbindung, die Vergils *Aeneis* zwischen Erice und Aeneas herstellt: Von Karthago aus umsegelt der Trojaner auf dem Weg nach Latium Sizilien; auf dem Monte Erice errichtet er ein Heiligtum zu Ehren seiner Mutter Aphrodite bzw. Venus, von der sich das julische Kaiserhaus des Augustus herleitet.

Messina
Detail des 1933 errichteten Glockenturms der Kathedrale (Abb. rechts oben). Die beiden Glocken im vorletzten Geschoss werden von zwei mit den Klöppeln verbundenen Figuren angeschlagen; diese stellen Dina und Clarenza dar, zwei Heldinnen aus den Tagen des Aufstands gegen die Franzosen im Jahr 1282 (Sizilianische Vesper).
Das Glockenspiel mit Dina und Clarenza, ein Werk der Brüder Ungerer in Straßburg, gehört zur weltweit größten Spieluhr.
Zu Füßen des Campanile und der Westfassade der Kathedrale befindet sich der Orionbrunnen (1547–53). Er ist Orion, dem sagenhaften Gründer der Stadt, gewidmet und erinnert an die erste städtische Wasserleitung, die vom Camaro gespeist wird. Die Allegorien dieses Flüsschens sowie der Flüsse Tiber, Nil und Ebro lagern am Rand des unteren Beckens. Geschaffen wurden die Figuren von Giovanni Montorsoli, einem Schüler Michelangelos.

Messina
Blick nach Südosten über die „Sichel" des Hafens und die Straße von Messina nach Reggio di Calabria. Den Vordergrund beherrscht die Kathedrale. Ihr Grundriss – drei Längsschiffe und ein mächtiges Querhaus – entspricht der Anlage des so genannten Normannendoms, an dessen Weihe 1197 der Staufer Heinrich VI. teilgenommen hat. Die nach mehreren Zerstörungen 1919-23 wieder aufgebaute, 1943 erneut beschädigte Kirche des Erzbischofs erinnert durch die basilikale Gliederung der Baukörper an den romanischen Ursprung. Der monumentale Zentralbau Cristo Re wurde nach dem Ersten Weltkrieg als Mahnmal errichtet. Er enthält in einer Gruft das Grab des unbekannten Soldaten sowie Soldatengräber der beiden Weltkriege. Auch die Freiheitsglocke vor dem Portal ist den Gefallenen gewidmet. Mit seiner von einer Laterne gekrönten Kuppel auf hohem Tambour knüpft Cristo Re an die spätbarocke Tradition des sizilianischen Kirchenbaus an. Der Weihetempel bietet Fernsicht bis nach Kalabrien.

Taormina
Blick über das antike Theater nach Südwesten zum Ätna; im Mittelgrund rechts ist der 357 Meter hohe Monte Tauro sichtbar.
Die Bezeichnung der Anlage als „Teatro Greco" ist insofern irreführend, als das ursprüngliche Theater der griechischen Stadt Tauromenion nach der römischen Eroberung einem Neubau zum Opfer fiel (Anfang oder Mitte des 2. Jahrhunderts v. Chr.). Allerdings folgte dieser dem griechischen Vorbild eines in den Hügel eingebetteten halbrunden Zuschauerraums mit ansteigenden Sitzreihen. Im 2. Jahrhundert n. Chr. wurde diese Cavea erweitert und besaß nun einen Durchmesser von 109 Metern, der auf Sizilien nur durch die Größe des Zuschauerraums des Theaters in Syrakus übertroffen wurde (Abb. S. 40). Diese Erweiterung war verbunden mit einem Funktionswandel: Aus dem Schauspiel-Theater wurde eine Schaustätte für Tierhetzen und Gladiatorenkämpfe, aus dem ehemaligen Tanzplatz für den Chor (Orchestra) wurde die Arena (Durchmesser 35 Meter) mit einem Becken für Seeschlachten in der Mitte. Gut erkennbar sind die überdeckten Gänge, durch welche die wilden Tiere auf den Kampfplatz gelangten. Ebenfalls eine Zutat der Umgestaltung ist eine nach außen geöffnete Arkade – eine Art von Krone rings um den Zuschauerraum. Der aus Ziegeln gemauerten Schauwand des Bühnenhauses war eine zweigeschossige Kolonnade vorgeblendet, in den Nischen standen Skulpturen. Erhalten sind Fragmente von Statuen des Augustus sowie der Göttinnen Diana und Venus. Heute dient das Theater im Sommer als Spielstätte für Theater-, Opern- und Ballettaufführungen, für Konzerte und Filmfestspiele.
Abbildung linke Seite unten: Giardini-Naxos und Taormina vom Meer aus gesehen.

Mythen der Ritterzeit
Die häufig noch vollständig bemalten zweirädrigen Eselkarren (carretti) beziehen ihre Themen aus der Blüte des Rittertums im Kampf mit den Moslems. Diese Zeit ist an der Ostküste insbesondere mit der jahrelangen Verteidigung Taorminas durch die Byzantiner verbunden, die hier erst im Jahr 902 den arabischen Eroberern unterlagen, und mit der normannischen Eroberung Ende des 11. Jahrhunderts. Diese lokalen Themen stehen im größeren Zusammenhang der mittelalterlichen Sagenwelt; sie fand in der italienischen Literatur ihre epische Steigerung vor allem im *Orlando furioso* (1. Fassung 1516; dt. *Die Historie vom rasenden Roland*, 1631–36) von Ludovico Ariosto. Im X. Gesang befreit der Ritter Ruggiero die schöne Angelica von einem Drachen – dargestellt auf dem mittleren Feld der links oben abgebildeten Wagenwand. Hinzu kommen antike oder mythologische Motive wie die als Wagenspeichen dienenden Meerjungfrauen.
Selten geworden sind die traditionellen Marionettentheater, die ihre Themen ebenfalls den Rittersagen vor allem um Karl den Großen und seine Paladine (z. B. Orlando/Roland) entnehmen; auf diese deutet beispielsweise der Name des „Ultimo Teatro des Paladins de France" in Palermo hin (rechts oben). Die Miniaturausgaben der in glänzende Rüstungen gekleideten, bis zu einem Meter hohen Spielfiguren dienen immerhin – wie Modelle der bemalten Karren – als preiswerte Souvenirs. Taormina bietet ein besonders reichhaltiges Angebot an Marionetten, aber auch an Keramik und Schmiedeeisen sowie Stickereien, Häkel- und Webarbeiten.

£22000
12.000
£12000

Aci Castello und Aci Trezza
Die Ruine des von den Normannen gegründeten Kastells hat sich im Laufe der Zeit der Form der Kyklopenfelsen angenähert. Mit den Klötzen vulkanischen Ursprungs soll einst Polyphem versucht haben, das Schiff des fliehenden Odysseus zu vernichten.

Mit der Aussicht auf das Fischerdorf Aci Trezza beginnt Giovanni Vergas Erzählung *Fantasticheria* (1879; dt. *Träumerei*, Neuausgabe in den *Sizilianischen Novellen*, 1992): „Einmal, während der Zug an Aci Trezza vorbeifuhr, rieft Ihr, aus dem Wagenfenster schauend, aus: ‚Einen Monat möchte ich da unten verbringen!' […] Am Morgen des dritten Tages aber wart Ihr, da Ihr nicht ewig Grün und Blau sehen und die vorüberfahrenden Fuhrwerke zählen wolltet, wieder auf dem Bahnhof […]."

Catania
Palazzo Stesicoro und Elefantenbrunnen. Dem verheerenden Erdbeben des Jahres 1693 folgte der barocke Wiederaufbau, ab 1730 unter der Leitung von Giovanni Battista Vaccarini. 1736 errichtete dieser auf dem Domplatz die Fontana dell'Elefante. Er verwendete die Monumentalfigur eines Elefanten aus Lavagestein, die durch das Erdbeben nahezu unbeschädigt freigelegt wurde und wohl aus dem römischen Amphitheater stammt. Sie trägt – dem Vorbild von Berninis Brunnen auf der Piazza Minerva in Rom folgend – einen in römischer Zeit nach Catania gelangten Obelisken mit einer der Göttin Isis gewidmeten Hieroglyphen-Inschrift.
Der Elefant richtet seinen Rüssel in Richtung der Kathedrale Sant'Agata, von deren Freitreppe aus die Aufnahme rechts oben entstanden ist. In der Kathedrale befinden sich die Gräber der aragonischen Könige von Sizilien, denen Catania zeitweilig als Residenz diente, sowie des Opernkomponisten Vincenzo Bellini (1801–1835), dessen Geburtshaus, die Casa Bellini, als Museum eingerichtet ist. Catanias Teatro Bellini (1890) zählt zu den größten Theaterbauten Italiens.

Catania
Fassaden am Domplatz. Stilistische Merkmale der barocken Neubauten Catanias sind der Kontrast zwischen hellem Kalkstein und dunklem Lavagestein, mitunter rustizierte, d. h. aus Quadern gefügte Pilaster und reich verzierte Umrandungen der Fenster, schließlich die schmiedeeisernen Balkongitter. Zur allgemeinen Formensprache des Barock gehören die – bereits in der Renaissance beliebten – schneckenförmigen Voluten, welche die Loggia des Palazzo Stesicoro flankieren (links außen). Den Dom zeigt das Gemälde auf S. 114/115.

Das Fest der hl. Agatha
Zu den mit theatralischem Aufwand begangenen sizilianischen Volksfesten aus kirchlichem Anlass zählt das Fest der frühchristlichen Märtyrerin Agatha, der Schutzheiligen von Catania. Am 3. und 4. Februar werden, ausgehend von den verschiedenen Kirchen der Stadt, meterhohe Türme (*cannelori*) auf Rädern und mit elektrischer Beleuchtung von Mitgliedern der einzelnen Bruderschaften zum Domplatz gezogen. Der rechte Turm auf dem oberen Bild enthält eine Szene aus dem Martyrium der Heiligen, der die Brüste zerfleischt und abgeschnitten wurden (Detailansicht links). Am dritten Tag folgt die Prozession des silbernen Reliquienschreins, der zu den Schätzen der Kathedrale Sant'Agata gehört (rechts oben). Überall dort, wo der von Böllerschüssen begleitete Zug anhält, werden ungewöhnlich lange Opferkerzen entzündet.

Die Mitwirkung der im Mittelalter als Berufsinnungen entstandenen, heute vor allem mit sozialen Aufgaben betrauten Bruderschaften findet sich bei allen religiösen, oft an theatralische Wettbewerbe mit anschließender Bewertung erinnernden Kirchenfesten. Höhepunkte bilden die mit Figurengruppen nach spanischem Vorbild ausgestatteten Prozessionen der Karwoche und des Osterfestes. Die prunkvolle Heiligenverehrung konnte, wie Berichte aus dem 17. bis zum späten 19. Jahrhundert belegen, auch in ihr Gegenteil umschlagen: Blieb der Schutz vor Seuchen und Hungersnöten aus, mussten die im Bild gegenwärtigen Heiligen dafür büßen, indem sie ihres Schmuckes beraubt, in Ketten gelegt und verspottet wurden.

Der barocke Südosten
Die Vielzahl von vollständig neu oder wieder erbauten Städten aus der Epoche des Spätbarock erklärt sich aus den vor allem in der südöstlichen Region verheerenden Folgen des Erdbebens von 1693. Zu den Neugründungen gehört Noto, eine Musterstadt mit rechtwinkligem Straßennetz. 1989 vom Europarat zur „europäischen Hauptstadt des sizilianischen Barock" gewählt, wurde die Stadt mit ihren vielfach durch gittergeschmückte Balkone auf plastischen Konsolen belebten Fassaden (unten links) im folgenden Jahr erneut von einem Erdbeben heimgesucht.

Mòdica und die Doppelstadt Ragusa/Ragusa Ibla haben zweierlei gemeinsam: die in prähistorische Zeit zurückreichende Besiedlung und den Wiederaufbau nach 1693 unter Beteiligung des Baumeisters Rosario Gagliardi. Zu seinen Hauptwerken zählen die beiden jeweils dem hl. Georg geweihten Kirchen in Ragusa Ibla (oben links, Vollendung 1775) und in Mòdica (oben rechts und rechte Seite, Weihe 1738). Beide Kirchen besitzen eine den sizilianischen Spätbarock kennzeichnende Einturmfassade, die vom konvex vorgewölbten Glockenturm beherrscht wird. Voluten stellen an den Fassaden die Verbindung zu den Seitenschiffen her, an die sich in Mòdica jeweils ein weiteres Schiff anschließt. Freitreppen, welche die gesamte Breite der Fassaden aufgreifen, steigern den monumentalen Eindruck.

In Mòdica dient eine in zwei Seitenarme gegliederte Treppenanlage als Ouvertüre zum jäh einsetzenden 1. Akt des horizontalen Raumerlebnisses, auf das die vertikale Bewegung der Einturmfassade in wirkungsvollem Kontrast antwortet. Einem Ausgleich dienen die Reihung der Portale zu dem in fünf Schiffe gegliederten Langhaus und die Markierung der Geschosse durch Balustraden. Die Gesamtansicht veranschaulicht das barocke Streben nach regelmäßiger Ausrichtung der Wohnbauten.

Festliches Sizilien

Den Ostermorgen am 8. April 1787 erlebte Goethe in Palermo vor allem akustisch: „Nun aber“, so beginnt er seine Schilderung des Festes, an dem er der Einladung des Vizekönigs in den Palazzo Reale folgt, „ging die lärmige Freude über die glückliche Auferstehung des Herrn mit Tagesanbruch los. Petarden (Feuerwerkskörper), Lauffeuer, Schläge, Schwärmer und dergleichen wurden kastenweis vor den Kirchtüren losgebrannt, indessen die Gläubigen sich zu den eröffneten Flügelpforten drängten. Glocken- und Orgelschall, Chorgesang der Prozessionen und der ihnen entgegnenden geistlichen Chöre konnten wirklich das Ohr derjenigen verwirren, die an eine so lärmende Gottesverehrung nicht gewöhnt waren.“ Dies trifft zweifellos auf Goethe zu. Bereits in Rom hatte er, unter dem Eindruck der päpstlichen Weihnachtsmesse in der Peterskirche, seinen „protestantischen Diogenismus“ ins Feld geführt und in Anspielung auf die legendäre Begegnung zwischen Diogenes von Sinope und Alexander dem Großen bekannt: „Ich möchte auch wie mein frommer Vorfahre zu diesen geistlichen Weltüberwindern sagen: ‚Verdeckt mir doch nicht die Sonne höherer Kunst und reiner Menschlichkeit.‘“

Was Goethe in Palermo gleichsam aus der Ferne wahrnimmt, gehört zur spanisch geprägten Kulturschicht Siziliens. Die Verwandtschaft der sizilianischen Gestaltung von Kirchenfesten, an deren Spitze die Karwoche steht, mit spanischen Traditionen kommt in den Prozessionen deutlich zum Ausdruck. Deren Ursprung liegt in den aus Frankreich überlieferten Mysterienspielen des Mittelalters. Aus ihnen hat sich in Spanien der Umzug mit szenisch gestalteten Figurengruppen entwickelt, die Stationen aus der Leidensgeschichte Jesu darstellen. In Sizilien, das 1282 dem Königreich Aragonien zufiel und mit diesem unter Alfons V. (1416–1458) in Personalunion vereint war, bürgerte sich dieser Brauch im 16. Jahrhundert ein, wobei sich regionale und lokale Unterschiede bis heute erhalten haben.

Die Nähe der nordwestlichen Hafenstadt Trapani zur Iberischen Halbinsel mag zu den Gründen gehören, weshalb hier die Karfreitagsprozession dem Umzug beispielsweise in Toledo nachgebildet zu sein scheint. Ein gemeinsames Merkmal sind die farbigen Kutten und hohen Kapuzen mit schmalen Schlitzen für die Augen als mystisch anmutende Bekleidung der Mitglieder der Bruderschaften, welche die Figurengruppen tragen. Eine Eigenheit der Karfreitagsprozession im zentral gelegenen Enna ist der Weg einer Statue der „Schmerzensreichen Madonna“ zum Dom, in dem eine Christusstatue aufgebahrt ist.

Dieses Ritual steht in Zusammenhang mit der in Sizilien verbreiteten Verbindung des Passions- und Ostergeschehens mit dem Marienkult, zu dessen kirchlichen Hochfesten Mariä Himmelfahrt (Ferragosto am 15. August) und Mariä Empfängnis (L'Immacolata am 8. Dezember) gehören. Die biblische Ereignisfolge vom Einzug in Jerusalem (Palmsonntag) bis zur Entdeckung des leeren Grabes wird durch zwei Szenen aus der Marienlegende gerahmt, die vom Abschied zwischen Mutter und Sohn und der Wiederbegegnung des Auferstandenen mit Maria handeln. Im südwestlich gelegenen Castelvetrano bereiten am Ostertag zwei auf getrennten Wegen geführte Prozessionen mit Maria in einem schwarzen Gewand und dem Auferstandenen das Wiedersehen vor. Zweimal begegnet ein Engel an einer Schwebevorrichtung Maria, um ihr die Osterbotschaft zu verkünden, doch findet er kein Gehör. Erst beim dritten Mal vernimmt Maria die Worte, während die zweite Prozession am anderen Ende des Platzes erscheint. Das Trauergewand gleitet von Marias Schultern, weiße Tauben flattern hervor; im Festkleid eilt Maria ihrem Sohn entgegen und gemeinsam halten sie Einzug im Dom. In San Biaggio Platani an der nordöstlichen Küste verbindet sich die Wiederbegegnung mit einem Wettstreit der „Madunnara“ (Anhänger der Madonna) und der „Signurara“ (Anhänger des Herrn) beim Schmücken der Straßen. In anderen Städten entwickelt sich ein Kampfspiel, in dessen Verlauf der mit Pfeil und Bogen bewaffnete „Tod“ und eine Gruppe von ebenfalls maskierten „Teufeln“ in roten Kostümen mit einem Ziegenfell auf dem Rücken das Zusammentreffen mit allen Mitteln zu verhindern suchen, bis die Schar der „Engel“ die Oberhand gewinnt. Tumultuarisch geht es in San Fratello zu, wenn in den drei ersten Tagen der Karwoche die „Giudei“ (Judäer), ausgestattet mit roten Kapuzenmasken, aus denen Lederzungen hängen, bewaffnet mit Eisenketten und Trompete blasend die Stadt beherrschen.

Unverkennbar dienten die kirchlichen Feste als Anlass oder Vorwand, den aus vorchristlicher Zeit stammenden rituellen Kampf gegen die Mächte des Bösen und der Finsternis zu assimilieren. Dies gilt insbesondere für die unterschiedlichen lokalen Feste zu Ehren der Ortsheiligen, die sich über mehrere Tage erstrecken können, etwa für das Fest der hl. Agatha in Catania am 3. und 4. Februar oder das im 18. Jahrhundert mit Pferderen-

Prozession in Sizilien, Farbholzstich nach einem Gemälde von Franz Thiele, in: „Moderne Kunst in Meisterholzschnitten“, Berlin (o. J.), Bd. 12

nen begangene Fest der hl. Rosalia in Palermo in der Zeit vom 11. bis 15. Juli. Ein wiederum in ganz Sizilien begangenes Hochfest ist der katholische Totengedenktag Allerseelen, der am 2. November dem Fest Allerheiligen unmittelbar folgt. An diesem Tag herrscht auf den als Totenstädte angelegten Friedhöfen reges Leben. Zu den Backwaren des Festes gehören neben Marzipan- und Zuckerfiguren die aus würzigem Teig geformten „Totenknochen“, dekoriert mit weißen Totenschädeln oder Engelsköpfen. Bei Tisch sind Gedecke für die am meisten verehrten Verstorbenen zubereitet, die in der Nacht vom 1. zum 2. November Geschenke für die Kinder vor die Türe legen. In den Städten finden „Totenmärkte“ statt.

Als neuzeitliche Festtage sind nennenswert der 25. April als Tag der Befreiung vom Faschismus (La Resistenza) und der Tag der Arbeit (Festa del lavoro) am 1. Mai. Wie der Karneval, so entspricht auch das Weihnachtsfest dem allgemein verbreiteten Brauchtum, wobei dem 26. Dezember als Tag des hl. Stephanus besondere Bedeutung beigemessen wird.

2 Griechen, Punier und Araber

Magna Graecia, das Gebiet der griechischen Kolonisation im westlichen Mittelmeer, fand seine größte Machtfülle in Gestalt des Herrschaftsgebietes, dessen Zentrum Syrakus bildete. Die Verbindung zum Mutterland wahrten nicht zuletzt Mythen wie jener von der Verwandlung der Nymphe Arethusa in eine Süßwasserquelle. Verfolgt vom liebestollen Flussgott Alphaios, verflüssigt sich die Nymphe: „Und, wohin einen Fuß ich gesetzt, – ein See! Aus den Haaren / Taut es herab, und geschwinder, als jetzt ich dir es erzähle, / Ward ich in Wasser verwandelt. Der Fluss, der wohl die geliebten / Fluten erkennt, legt ab die Männergestalt; in die eigenen Wellen / Verwandelt er sich, um so mit mir sich zu mischen" (Ovid, *Metamorphosen* V, Verse 634-638). Die Fonte Aretusa sprudelt auf der Insel Ortygia; hier lag die Keimzelle der korinthischen Kolonie Syrakus.

Von einem Wettstreit der Fremdenführer „über die Vorzüge ihrer Vaterstädte in Rücksicht der Alterthümer" erzählt Gottfried Seume: „Der Eseltreiber von Girgenti [Akragas] rechnete seine Tempel und die Wunder und das Alter seiner Stadt; der Eseltreiber von Syrakus sein Theater, seine Steinbrüche und sein Ohr [des Dionysios]; der Eseltreiber von Alcamo sein Segeste" (*Spaziergang nach Syrakus im Jahre 1802*).

In Akragas wurde um 483 v. Chr. der Philosoph, Arzt und Dichter Empedokles geboren, in Girgenti 1867 der Literaturnobelpreisträger (1934) Pirandello, dessen Geburtshaus als Museum eingerichtet worden ist; 1936 in Rom gestorben, wurde Pirandello in seiner Heimatstadt mit dem neuen Namen Agrigento beigesetzt. Die Umbenennung in der Mussolini-Ära sollte vergessen machen, dass Girgenti seinen Namen der Blütezeit als arabische Stadt Kerkent verdankte.

Die nordwestlichen Küstengebiete wurden aus griechischer Sicht vorwiegend von „Barbaren" bewohnt. In der Einleitung zur Schilderung der Sizilischen Expedition (415–413 v. Chr.) der Athener skizziert Thukydides die Besiedlungsgeschichte der ursprünglich als Trinakria (die Dreispitzige), dann nach den Sikanern als Sikanien bezeichneten Insel. „Nach der Einnahme von Ilion gelangten einige der Troer, den Achaiern entronnen, zu Schiff nach Sizilien, siedelten in der Nachbarschaft der Sikaner und bekamen alle zusammen den Namen Elymer, ihre Städte sind Eryx [Erice] und Egesta [Segesta]." Thukydides nennt ferner die gleichfalls aus Troja stammenden Phoker, die aus Italien eingewanderten Sikeler, nach deren König Italos die Apenninhalbinsel ihren Namen erhielt.

In Syrakus geprägte Silbermünze mit dem Bildnis der Arethusa im klassischen Profil, umgeben von drei Delphinen; um 450 v. Chr.

„Es wohnten auch Phönizier rings um ganz Sizilien auf Vorgebirgen, die sie befestigt, und auf den vorgelagerten Inselchen des Handels wegen mit den Sikelern; als dann die Hellenen zur See zahlreich einströmten, gaben sie das meiste auf und zogen zusammen nach Motya [Mozia], Soloeis [Solunto] und Panormos [Palermo]. Das also sind die Barbaren, die alle Sizilien, und auf die Art, besiedelten" (*Geschichte des Peloponnesischen Krieges* VI,1).

Das westliche Rückzugsgebiet der Phönizier bzw. ihrer Schutzmacht Karthago besitzt in Segesta eines der eindrucksvollsten Werke des griechischen Tempelbaus. Die Küstenstädte Mazara und Trapani waren im Mittelalter die Ausgangspunkte politischer Veränderungen: Südlich von Mazara landete 827 die Kriegsflotte der muslimischen Aghlabiden; in Trapani ging 1282 nach der Vertreibung der Franzosen durch den Aufstand der „Sizilianischen Vesper" der Aragonese Peter III. an Land. In Marsala schließlich begann 1860 Giuseppe Garibaldi seinen Siegeszug durch Sizilien und Unteritalien. Dieser endete mit der Einigung Italiens als Königreich, dem sich Sizilien noch in demselben Jahr 1861 durch einen Volksentscheid anschloss.

Das zweite Kapitel führt vom Südosten mit der antiken Großmacht Syrakus entlang der von Griechen kolonisierten Südküste bis zum Nordwesten. Hier dominierten die Phönizier bzw. Punier (nach der lat. Bezeichnung als Poeni). Der Süd- und Westteil der Insel war auch der Ausgangspunkt der arabischen Landnahme im 9. Jahrhundert. In der Nachbarschaft von Castellamare del Golfo, der ehemaligen Hafenstadt von Segesta, im Nordwesten liegt der Ausflugsort Scopello. Zu seinen historischen Zeugnissen gehört ein Wachturm auf einer der Felsklippen der Uferzone, die sich wie die Kyklopenfelsen vor der Ostküste im Meer fortsetzen. Heute gehören Castellamare und seine Nacharorte zu den beliebtesten Ausflugszielen der Städter aus Trapani und Palermo.

Die Tyrannen von Syrakus. Die Geschichte der griechischen Großmacht auf Sizilien ist aufs Engste mit fünf Herrschern des 6. bis 3. Jahrhunderts v. Chr. verbunden. Sie repräsentieren jene antike Regierungsform der *tyrannis*, die erst im Zuge der Aufklärung zum Inbegriff monarchischer Willkür und Despotie wurde. Ihre bündige Formel lieferte Schiller mit der auf Dionysios I. gemünzten ersten Strophe seiner Ballade *Die Bürgschaft*: „Zu Dionys, dem Tyrannen, schlich / Damon, den Dolch im Gewande; / Ihn schlugen die Häscher in Bande. / ‚Was wolltest du mit dem Dolche, sprich!' / Entgegnet ihm finster der Wüterich. / ‚Die Stadt vom Tyrannen befreien!' / ‚Das sollst du am Kreuze bereuen!'" Dieses Bild des „finsteren" Despoten, das zu dem Felsenkerker „Ohr des Dionysios" passt, in dem der Tyrann seine Gefangenen belauschte, wird bei Schiller durch das „menschliche Rühren" gemildert, das Dionys angesichts der Aufopferung Damons für seinen als Geisel haftenden Freund empfindet.

Gegründet um 730 v. Chr. durch Kolonisten aus Korinth, stand Syrakus zunächst im Schatten von Gela (um 689 v. Chr. durch Siedler aus Rhodos und Kreta gegründet, Mutterstadt von Akragas/Agrigent). Gelon (um 540–478), Tyrann von Gela, errang 485 v. Chr. die Macht auch in Syrakus. Fünf Jahre später sicherte Gelon gemeinsam mit Theron von Akragas die griechische Vormacht in Sizilien: Bei Himera (heute Imera) an der Nordküste besiegten sie die Karthager.

Gelons Bruder und Nachfolger Hieron I. (um 540–466 v. Chr.) erweiterte seinen Herrschaftsbereich 474 v. Chr. durch die Gründung von Katane (Catania); im folgenden Jahr besiegte er bei Cumae eine etruskische Flotte. Zu den Gästen am Hof von Syrakus gehörten Aischylos (mehrere seiner Dramen wurden auf Sizilien erstmals aufgeführt) sowie die beiden Lyriker (Onkel und Neffe) Simonides von Keos und Bakchylides. In Pindars Preisgesängen figuriert Hieron I. als Teilnehmer an den Panhellenischen Wettkämpfen.

Nach Hierons Tod 466 v. Chr. gab sich Syrakus eine demokratische Verfassung, die nach der siegreichen Abwehr der Sizilischen Expedition Athens (415–413 v. Chr.) schrittweise ausgehöhlt wurde. Dionysios I. (um 430–367 v. Chr.) ließ sich 406 v. Chr. zum obersten Heerführer ernennen. In mehreren Kriegen gegen Karthago erweiterte er seine Herrschaft über zwei Drittel der Insel und bis nach Süditalien.

Unter seinem Nachfolger Dionysios II. (um 397–?) lag die Macht in den Händen von Dion (Schwager und Schwiegersohn Dionysios' I.), der zu den Anhängern Platons gehörte. Dessen Versuch, in Syrakus eine innere Reform nach dem Leitbild seiner Staatsidee durchzuführen, scheiterte: Nach zwei Aufenthalten Platons in Syrakus (388/87 und 367–365 v. Chr.) kam es zum Bruch zwischen dem Philosophen und Dionysios II., der seinerseits 344 v. Chr. vertrieben wurde und in Korinth Exil fand.

Eine letzte kulturelle Blütezeit erlebte Syrakus unter Hieron II. (306–215 v. Chr.), der ab 275 v. Chr. mit uneingeschränkten Vollmachten ausgestattet war und 269 v. Chr. den Königstitel annahm. Sowohl im Ersten als auch im Zweiten Punischen Krieg war er als autonomer Herrscher ein Bundesgenosse Roms. Drei Jahre nach Hierons Tod jedoch eroberten die Römer die Stadt. Ihr prominentestes Opfer war der geniale, um 285 v. Chr. in Syrakus geborene Mathematiker und Physiker Archimedes; den mit gezücktem Schwert in sein Haus eindringenden Soldaten soll er ermahnt haben: „Störe meine Kreise nicht."

Der Eindruck, den Syrakus – im Mittelalter von Erdbeben und Seuchen betroffen – auf den Besucher um 1800 machte, legt Gottfried Seume seinem syrakusanischen Begleiter Landolina in den Mund: Der „würdige, patriotisch eifernde Mann (blickte) über das große, traurige Feld seiner Vaterstadt, das kaum noch Trümmer war, und sagte: das waren wir! und mit einem Blick hinunter auf das kleine Häufchen Häuser: Das sind wir!" (*Spaziergang nach Syrakus im Jahr 1802*).

15 Jahre zuvor hatte sich Goethe entschlossen, von Grigenti nach Messina durch das Landesinnere statt entlang der Küste über Syrakus zu reisen, da ihm »nicht unbekannt war, dass von dieser herrlichen Stadt wenig mehr als der prächtige Name geblieben sei« (27. April 1787).

Museale Zeitreise. Die Geringschätzung der antiken Metropole im 18. Jahrhundert gehört heute ihrerseits der Vergangenheit an. Zwar zählt die Provinzhauptstadt mit 125 000 Einwohnern zu den „großen Kleinstädten", doch birgt sie kulturgeschichtliche Zeugnisse, die bis in die Frühgeschichte zurückreichen. Ihre moderne Präsentation gehört mit der mediterranen Atmosphäre der Hafenstadt zum touristischen Kapital.

Die ältesten der hier gesammelten kunsthandwerklichen Erzeugnisse sind ornamental verzierte und gebrannte Tongefäße. Sie stammen aus der Zeit um 5000 v. Chr., als die vom Orient ausgehende Neolithische Revolution mit dem Übergang vom Nomadentum der Jäger- und Sammler zur Sesshaftigkeit der Landwirte und Viehzüchter, verbunden mit dem Beginn der Vorratswirtschaft, das westliche Mittelmeer erreichte. Mit dieser Epoche beginnt die Zeitreise im 1988 eröffneten Museo Archeologico regionale Paolo Orsi im Park der Villa Landolina. Ein zweiter Schwerpunkt der Sammlung sind keramische Grabbeigaben aus den Nekropolen des westlich gelegenen, durch Schluchten parzellierten Hochlands mit der Siedlung Pantàlica. Die wabenförmig in steile Abhänge gehauenen Grabanlagen umfassen den Zeitraum vom 12. bis zum 7. Jahrhundert v. Chr. und enthielten bronzezeitliche Spuren der Metallverarbeitung. Das dritte archäologische Kapitel schildert die Entwicklung der Töpferkunst und Vasenmalerei der Griechen von der Archaik bis zum Hellenismus. Bei den „Vasen" sowie Skulpturen handelt es sich um Grabbeigaben und Weihegaben in Tempeln, die

Arethusaquelle auf der Insel Ortygia in Syrakus mit Papyrusgebüsch.

Fassade (1728–54) des Doms von Syrakus mit einer Maria Immaculata zwischen Marcian, dem ersten Bischof, und der Stadtheiligen Lucia.

sowohl aus den weiträumigen Handelsbeziehungen als auch aus der heimischen Produktion stammen.

Der griechisch-römischen Vergangenheit ist der als Parco monumentale della Neàpoli bezeichnete Archäologische Park im Stadtteil Neàpoli gewidmet. Er enthält die Überreste des Altars von Hieron II., das griechische Theater mit Orchestra und halbkreisförmig in den Fels gehauenen Zuschauerrängen und das römische Amphitheater, die als Gefängnis benutzten Steinbrüche mit dem „Ohr des Dionysios". Aus der christlichen Spätantike stammen die Katakomben von Syrakus, deren jüngste im Archäologischen Park liegen. Sie sind dem Evangelisten Johannes geweiht und enthalten die Krypta des hl. Marcian, der als erster Bischof von Syrakus um die Mitte des 3. Jahrhunderts als Märtyrer starb. Um diese wohl älteste christliche Kultstätte in Syrakus entstanden die unterirdischen Gänge mit Boden- und Nischengräbern; Rotunden mit Lichtschächten für die Belüftung befinden sich an den Stellen, an denen das abgegrabene Material an die Oberfläche geschafft wurde. Die ursprüngliche Ausstattung der Grabanlagen, die im Vergleich mit den Katakomben von Rom zumeist geräumiger angelegt sind, fiel im Mittelalter der Suche nach Reliquien zum Opfer.

Das einzigartige Bauzeugnis einer christlichen Aneignung der griechischen Antike und einer im Barock vollendeten Symbiose ist der Dom von Syrakus. Die Baugeschichte dieses Monuments beginnt nach dem Sieg bei Himera über die Karthager im Jahr 480 v. Chr. mit der Errichtung eines dorischen Athenatempels auf der höchsten Erhebung der Insel Ortygia. Ein Standbild der Göttin mit vergoldetem Schild auf dem Dach des Gebäudes diente den Seefahrern bei Tag als in der Sonne blitzendes Signal. Unter den Römern wandelte sich Athena in Minerva, deren Heiligtum nach und nach seiner Schätze beraubt wurde. Ab dem 7. Jahrhundert erlebte der Tempel die Metamorphose in eine Basilika mit Mauerwerk zwischen den Säulen und der Umwandlung der Cella in ein von Arkaden gesäumtes Mittelschiff, das zur Zeit der Normannen ein Obergeschoss erhielt. Erdbeben in den Jahren 1542 und 1693 zerstörten Teile und hatten bauliche Veränderungen zur Folge, ohne den Charakter der Tempel-Kirche zu beseitigen. Die schöpferische Leistung des Wiederaufbaus 1728–57 ist die barocke Westfassade von Andrea Palma aus Palermo. Die monumentalen, kannelierten Säulen des Inneren treten verjüngt, geglättet und zu Gruppen rhythmisch vereint ans Tageslicht und steigern die räumlich-plastische Wirkung der triumphalen Eingangsfront.

Ein stadtgeschichtliches Profil. Zwischen Gela (gegr. 689 v. Chr.) im östlichen und Selinunt (gegr. um 650 v. Chr.) im westlichen Teil der Südküste ließen sich um 580 v. Chr. Siedler aus Gela und dem fernen Rhodos auf einer küstennahen Hochebene nieder. Hier entstand die jüngste und nach Syrakus mächtigste griechische Kolonie, benannt nach der „hohen Erde" (griech. *akra gea*) als Zentrum einer städtischen Anlage mit Akropolis, die von einer Mauer mit elf Toren umgeben wurde. Hier lebten in der Blütezeit 200 000 Bürger und bis zu 600 000 Sklaven; Agrigent, die moderne Nachfolgerin, zählt etwa 60 000 Einwohner.

Einige historische Daten geben den charakteristisch sizilianischen Verlauf der Stadtgeschichte von Akragas/Girgenti/Agrigent zu erkennen. Um 570 v. Chr. erlangte ein in der späteren Überlieferung als grausamer Despot gebrandmarkter Tyrann namens Phalaris die Stadtherrschaft. Unter seiner jahrzehntelangen Regierung erschloss Akragas das durch Festungen gesicherte Umland als ertragreiches Agrarland mit dem Anbau von Getreide, Oliven- und Mandelbäumen; als Bodenschätze wurden Schwefel und Steinsalz gewonnen. Zu den Nachfolgern des Phalaris gehörte der Tyrann Theron, der 480 v. Chr. gemeinsam mit Gelon von Syrakus bei Himera die Karthager besiegte. Die Überlieferung berichtet von 25 000 Kriegsgefangenen, die in Akragas einen monumentalen Siegestempel errichten mussten, der als Olympieion dem olympischen Zeus geweiht war. Noch vor seiner Vollendung fiel das Monument der Zerstörung durch die Karthager zum Opfer, als diese ihre Gegenoffensive

406 v. Chr. mit der Eroberung von Akragas zum Abschluss brachten.

Dass der Zeustempel dem Selbstverständnis einer Großmacht entsprach, zeigen die Ausmaße des Fundaments mit 56,30 × 113,50 m im Vergleich beispielsweise zum Zeustempel in Olympia (27,70 × 64,10 m) oder zum Parthenon auf der Akropolis von Athen (34 × 72,50 m). Vor allem aber lässt eine Rekonstruktion der Baugestalt die beabsichtigte Wirkung erahnen:

Zeus entschleiert Hera, um 450 v. Chr.; Kalktuffstein, 104 x 103 cm; Metope vom Heratempel in Selinunt (Abb. S. 45), Pa ermo, Nationalmuseum.

Statt der traditionellen Kolonnaden der umgebenden Ringhalle prägten Halbsäulen vor dem Mauerwerk die Außenansicht; Wandnischen enthielten als bauplastischen Schmuck Atlanten, die als „Sklaven" die Last des waagrechten Gebälks stemmten. Reste des Tempels lassen sich heute in der Hafenmauer von Porto Empèdocle identifizieren, der nach Empedokles benannten Hafenstadt von Agrigent.

Die Karthager vertrieben die Bevölkerung von Akragas, in dem sich nach Jahrzehnten eine neue Ansiedlung bildete, die ab 210 v. Chr. endgültig unter römischer Herrschaft stand. In byzantinischer Zeit zum Dorf verkümmert, entwickelte sich der 827 von den Arabern eingenommene Ort Kerkent oder Gergent zu einem Zentrum der arabisch-berberischen Ansiedler in Sizilien. Unter den Normannen bestand hier eine muslimisch-christliche Koexistenz mit Gergent als Bischofssitz, verbunden mit der Gründung des heutigen Domes bzw. der Kathedrale. Den Aufschwung in Landwirtschaft und Handel, insbesondere mit Afrika, beendete die Ausweisung der Araber 1245 unter Friedrich II.

Baugeschichtliche Zeugnisse des Mittelalters und der frühen Neuzeit sind in der verwinkelten Altstadt die orthodoxe Kirche Santa Maria dei Greci, die im 13. Jahrhundert auf dem Fundament eines dorischen Tempels errichtet wurde, und der im 16. und 17. Jahrhundert umgestaltete normannische Dom über dem Grundriss des lateinischen Kreuzes mit einem Glockenturm im Stil der katalanischen Gotik mit Blendarkaden und bauplastischem Schmuck.

Im 18. Jahrhundert begann die Unterscheidung zwischen dem damaligen Girgenti und dem nach und nach freigelegten und restaurierten Akragas, dessen Überreste das heutige Agrigent in den Schatten stellen. Geblieben ist trotz der umfassenden archäologischen Aufbereitung mit einem 1966 eröffneten Museum als kunst- und stilgeschichtliche Orientierungshilfe die Faszination der landschaftlichen Atmosphäre, die Goethe beim Überblick über das „Tal der Tempel" zunächst noch als vegetativen Schleier über der Vergangenheit erlebte: „So ein herrlicher Frühlingsblick wie der heutige bei aufgehender Sonne ward uns freilich nie durchs ganze Leben. Auf dem hohen, uralten Burgraume liegt das neue Girgenti, in einem Umfang, groß genug, um Einwohner zu fassen. Aus unsern Fenstern erblicken wir den weiten und breiten Abhang der ehemaligen Stadt, ganz von Gärten und Weinbergen bedeckt, unter deren Grün man kaum eine Spur ehemaliger großer bevölkerter Stadtquartiere vermuten dürfte. Nur gegen das mittägige Ende dieser grünenden und blühenden Fläche sieht man den Tempel der Concordia hervorragen, im Osten die wenigen Trümmer des Junotempels; die übrigen, mit den genannten in einer geraden Linie liegenden Trümmer anderer heiliger Gebäude bemerkt das Auge nicht von oben, sondern eilt weiter südwärts nach der Strandfläche, die sich noch eine halbe Stunde bis an das Meer erstreckt. Versagt ward heute, uns in jene so herrlich grünenden, blühenden, fruchtversprechenden Räume zwischen Zweigen und Ranken hinab zu begeben, denn unser Führer, ein kleiner guter Weltgeistlicher, ersuchte uns, vor allen Dingen diesen Tag der Stadt zu widmen" (24. April 1787).

Geblieben ist auch das besondere Augenmerk auf den Concordiatempel. Er verdankt seine gute Erhaltung der Umgestaltung im 7. Jahrhundert in eine den Aposteln Petrus und Paulus geweihte Kirche. Eine Wiederherstellung der ursprünglichen Baugestalt im Jahr 1748 brachten ein nahezu unversehrtes Werk des dorischen Stils aus der Zeit um 450 v. Chr. zutage. Im Innern bezeugen Durchbrüche der Cellawände in Form von Rundbögen die Umwandlung des ehemaligen Kultraums in das Mittelschiff einer basilikalen Raumgliederung.

Die Umwandlung vom Namen Girgenti mit arabischer Wurzel in Agrigento erfolgte 1927 unter faschistischem Vorzeichen: als Rückkehr zum imperialen römischen Erbe, an das die italienische Form des lateinischen Stadtnamens Agrigentum für das griechische Akragas erinnern sollte.

Was Agrigent im Schatten neuzeitlicher Hochhäuser an barocker Überlieferung zu bieten hat, findet sich in überwältigender Fülle im Hinterland der „griechischen Küste". Dies gilt für die barocken Kirchen und Palazzi in Städten wie Ragusa: Von der Unterstadt Ragusa Ibla führt eine Freitreppe zur Chiesa di San Giorgio von Rosario Gagliardi; das Zentrum der nach dem Erdbeben von 1693 neu angelegten Oberstadt bildet San Giovanni Battista (1706–16). Ebenfalls von Gagliardi stammt – als ein Hauptwerk des sizilianischen Barock – San Giorgio in Modica. Das bemerkenswerteste Beispiel einer barocken Anlage mit regelmäßigem Straßennetz bietet Noto. Die ab 1703 erbaute Stadt ersetzte das 1693 zerstörte Noto Antica.

Venus Ericina. Ereignisse der antiken Götter- und Heldensagen verdichten sich wie in kaum einer anderen Region Siziliens an der Westküste, vor allem um den steil aus dem Meer aufragenden, 750 Meter hohen Felsen von Erice. Der Name leitet sich von Eryx her, einem Sohn Aphrodites und des Argonauten Butes (oder des Poseidon), der in mythischer Zeit die nordwestliche Insel beherrschte. Herakles tötete ihn im Faustkampf, nachdem ihm ein Stier aus der Rinderherde des Geryones entflohen und von Eryx in die eigene Herde aufgenommen worden war. Als Sohn Aphrodites und des Trojaners Anchises war Aeneas ein Halbbruder des Eryx, dessen Nachfahren er – nach der Trennung von Dido – aufsuchte. Auf dem Monte Erice errichtete er seiner Mutter ein Heiligtum, im benachbarten Drepanon (heute Trapani) hatte zuvor schon Anchises bei der ersten Ankunft sein Grab gefunden.

Noch weiter zurück reicht die mythologische Deutung der gekrümmten Halbinsel bei Trapani: Sie entstand aus der Sichel, mit der Kronos seinen Vater Uranos entmannte; als dessen Geschlechtsglied ins Meer stürzte, brachte das aufschäumende Wasser Aphrodite, die „Schaumgeborene", hervor.

Als sicher gilt, dass der Monte Erice schon früh dem Kult der phönizischen Liebesgöttin Astarte diente, an deren Stelle Aphrodite bzw. Venus trat. In römischer Zeit erwies sich das Heiligtum der Venus Ericea als Gewinn bringend durch Tempelprostitution sowie durch tributähnliche Abgaben: „So besorgt war der römische Senat um den Dienst an der Göttin", notierte der gebürtige Sizilianer Diodorus Siculus im 1. Jahrhundert v. Chr. in seiner griechisch verfassten Weltgeschichte, „dass er von den siebzehn treuesten Städten Siziliens Goldabgaben für Aphrodite forderte und den Tempel ständig von zweihundert Soldaten bewachen ließ."

Kontore statt Kolonien. Lange bevor die Griechen an den Küsten Siziliens als Siedler Fuß fassten, waren hier Niederlassungen der Phönizier entstanden. Sie dienten als Stützpunkte des phönizischen Handelsnetzes, das von Kleinasien bis nach Spanien reichte. Als seefahrende Händler begnügten sich die Phönizier mit Hafenbuchten, die zugleich Raum boten für Unterkünfte und Warenlager sowie Schutz vor räuberischen Überfällen. Grundsätzlich waren die Bewohner, oder genauer: Benutzer dieser Ansiedlungen an gutnachbarlichen Beziehungen interessiert, bildeten sie doch die wichtigste Voraussetzung für Handelsgeschäfte.

Um 750 v. Chr. entstand im Nordosten Tunesiens – rund 100 Kilometer von der Südwestspitze Siziliens entfernt – Karthago als bedeutendster Stützpunkt für die Verbindung zwischen dem östlichen Mittelmeer und den westlichen Gebieten, in denen Gold, Silber und Zinn gefördert wurden. Aus der Versorgungsbasis entwickelte sich eine zunächst nordafrikanische Großmacht, die ihre mit Besitzrechten verbundene Schutzherrschaft auf die phönizischen Stützpunkte an der sizilianischen West- und Nordküste ausdehnte: auf Soloeis (Solunto), Motye (Mozia) auf der kleinen Insel San Pantaleo zwischen Marsala und Trapani sowie auf Panormos (Palermo). Von nun an bestimmten im Nordwesten Gebietsstreitigkeiten die Beziehungen zwischen den Griechen und Karthago bzw. dessen Bundesgenossen, den Elymern.

Zu den Hauptorten dieses wohl aus Anatolien eingewanderten, der Sage zufolge aus den in Sizilien zurückgebliebenen Gefährten des Aeneas hervorgegangenen Volkes gehörte, neben Erice, Egesta (Segesta). Erfolgreich um Selbstständigkeit zwischen den Fronten bemüht, kulturell den Griechen, politisch Karthago verbunden, schufen die Segestaner mit ihrem um 425 v. Chr. auf einem Plateau begonnenen dorischen Tempel einen der letzten großen griechischen Tempelbauten in Sizilien, dessen Anblick heute zu den eindrucksvollsten Architektur- und Landschaftserlebnissen gehört.

Um jene Zeit sah sich Segesta durch das Expansionsstreben von Selinos (Selinunt) bedroht und wandte sich mit der Bitte um Beistand an das ferne Athen; hier überwog schließlich die Aussicht, das mächtige, mit Selinos verbündete Syrakus in die Schranken zu weisen, „zumal Egesta auch Geld beisteuern werde, das für den Krieg ausreiche. Das hörten die Athener in den Volksversammlungen so oft von den Egestern und ihren Beiständen in der Stadt, dass sie beschlossen, erst einmal Gesandte nach Egesta zu schicken, um wegen des Geldes nachzuschauen, ob es vorhanden sei, wie sie behaupteten, im Staatsschatz und in den Tempeln, und zugleich zu erkunden, wie es mit dem Krieg gegen Selinos stände" (Thukydides, *Geschichte des Peloponnesischen Krieges* VI, 6). Die im Sommer 415 v. Chr. aus Sizilien zurückkehrenden Gesandten lieferten mit 60 Talenten ungemünzten Silbers den scheinbaren Beweis außergewöhnlicher Schätze und Athen stürzte sich in das katastrophale, von Alkibiades propagierte und von Nikias angeführte Abenteuer der Sizilischen Expedition.

Dem bald darauf über Sizilien hereinbrechenden Zweiten Karthagerkrieg (409–405) fielen Himera im Norden, Selinos

Theater von Segesta, um 450 v. Chr., mit halb ansteigendem Theatron und waagrechter Begrenzung der Orchestra durch das Bühnenhaus.

Während Olivenbäume ohne Bewässerungsanlagen gedeihen, verlangen die Agrumen (Zitrusfrüchte) jenen Landbau, für den die Araber Maßstäbe setzten. Zu den Dessertweinen gehört der Marsala.

und Akragas im Süden zum Opfer, während Segesta ungeschoren blieb. Mit Lilybaion entstand 397 v. Chr. an der Westküste eine karthagische Bastion, die der Gegenoffensive der Syrakusaner unter Dionysios I. standhielt; im Ersten Punischen Krieg konnte sie erst nach zehnjähriger Belagerung erobert werden. Das römische Libaeum diente als Flottenstützpunkt: Von hier aus gelangten die Streitkräfte nach Nordafrika, wo die Schlacht bei Zama 202 v. Chr. den Zweiten, die Zerstörung Karthagos 146 v. Chr. den Dritten Punischen Krieg beendete.

Im Namen Allahs. Aufgrund der Nähe zum Maghreb, in dem seit 800 die Dynastie der Aghlabiden herrschte, bildeten der Südwesten und Westen Siziliens den Ausgangspunkt der arabischen Eroberung im Kampf gegen die Byzantiner und schließlich den Endpunkt der normannischen Rückeroberung. Am 17. Juni 827 landete die vom Kadi in Kairuan, Asad Ibn al-Furat, befehligte Kriegsflotte, die drei Tage zuvor in Susa (Sousse) die Anker gelichtet hatte, südöstlich von Mazara. Am 15. Juli brach das bei Libaeum, dem arabischen Marsa-al-Allah (Hafen Allahs, heute Marsala) versammelte Heer nach Nordwesten auf und errang bei Corleone seinen ersten Sieg auf sizilianischem Boden.

Rund 250 Jahre später, im Jahr 1072, kapitulierte nach der Einnahme von Palermo durch Robert Guiscard auch Mazara. Die letzten Zentren des muslimischen Widerstands gegen die Normannen blieben – neben Syrakus im Südosten und Enna im Zentrum – die westlichen Festungen Trapani und Erice. Letztere erhielt im 12. Jahrhundert den Namen Monte San Giuliano: Während der Belagerung durch Roger I. im Jahr 1077 soll der hl. Julian erschienen und durch Hunde die Muslime in die Flucht geschlagen haben. Eine Art Nachspiel bildete die Eroberung von Syrakus (1085), Enna (1087) und Butera (1089); Noto schließlich kapitulierte 1091 kampflos.

Vor allem in ökonomischer Hinsicht gelangte Sizilien unter arabischer Herrschaft zu bislang unerreichter Blüte. Zum einen profitierte die Insel im Herzen des Mittelmeers vom florierenden mediterranen Handel, zum anderen steigerten neue Methoden der Landwirtschaft, allen voran die Technik der Bewässerung, die Produktion von Nahrungsmitteln. Neben dem traditionellen Getreideanbau (die Sommerernte ergänzte die zur Römerzeit einzige Ernte im Winter) trat der Anbau von Zitrusfrüchten, Baumwolle und Zuckerrohr; zum ersten Mal gediehen auf der Insel Dattelpalmen, Maulbeer- und Olivenbäume, Artischocken, Auberginen und Melonen. Begünstigt wurde der landwirtschaftliche Aufschwung sowohl durch die bereits in byzantinischer Zeit begonnene Parzellierung des Bodens als auch durch das islamische Recht, das die Kultivierung von Boden mit Besitzrechten verband und die Einführung neuer Nutzpflanzen durch eine Verminderung der Steuerlast belohnte. Nicht zuletzt dieses Steuerrecht förderte die Einwanderung, die wesentlich zur Entwicklung der einzigartigen kulturellen Vielfalt in der Gesellschaft Siziliens im Frühmittelalter beitrug.

Salz und Süßwein. Ein bis heute bedeutender Wirtschaftszweig der Westküste ist – neben dem Thunfischfang – die Salzgewinnung bei Trapani. Sie entstand im 15. Jahrhundert, zur Zeit der aragonesischen Herrschaft: 1282, unmittelbar nach der Revolte gegen Karl von Anjou (Sizilianische Vesper), landete der von den Aufständischen ins Land gerufene König Peter III. von Aragón in Trapani. Legitimiert wurde die Herrschaft der Aragonesen durch die Ehe Peters mit Manfreds Tochter Konstanze, der letzten staufischen Erbin. Als Friedrich II. bestieg Peters jüngerer Bruder 1296 den Thron des zunächst selbstständigen Königreichs Sizilien, das 1458 in Personalunion mit Aragón verbunden wurde und durch die Vereinigung von Aragón mit Kastilien einen Bestandteil des spanischen Weltreiches bildete.

Wie Trapani, so ist auch Marsala sowohl mit einer ökonomischen Errungenschaft als auch mit einem politischen Neubeginn verbunden. Um das portugiesische Portwein-Monopol zu brechen, begann der Engländer John Woodhouse 1773 mit der Erzeugung des süßen Dessertweins Marsala, dem die Stadt ihren Wohlstand verdankt. 1860 landete hier Giuseppe Garibaldi, der 1849 die Verteidigung der Republik Rom geleitet hatte, mit seinen „Tausend" und eröffnete den Guerillakrieg gegen die spanischen Bourbonen. Mit seinem auf 30 000 Mann angewachsenen Heer setzte er den Befreiungskampf in Unteritalien fort.

Mit dem Marsala-Wein steht Garibaldis Landung insofern in Zusammenhang, als die in Marsala stationierten Engländer aus Rücksicht auf die im Hafen ankernden Schiffe des Exporteurs Vincenzo Florie auf den Einsatz von Kanonen verzichteten. „Eine Tat offenkundiger Seeräuberei wurde verübt am 11. Mai in Form der Landung bewaffneter Männer am Strande von Marsala", beginnt der Zeitungsbericht, den Fürst Fabrizio Salina, der Titelheld in Giovanni Tomasi di Lampedusas Roman *Der Leopard* (1958) am Ende des ersten Kapitels zur Kenntnis nimmt, ohne sich sonderlich zu beunruhigen.

„Aus späteren Berichten", so fährt der Korrespondent fort, „wurde bekannt, dass die Bande, die gelandet war, etwa achthundert Mann zählte und von Garibaldi befehligt wurde. Sowie diese Filibustiers an Land gekommen waren, vermieden sie mit aller Sorgfalt einen Zusammenstoß mit den königlichen Truppen, indem sie sich, soweit uns berichtet wird, nach Castelvetrano wandten, wo sie die friedlichen Bewohner bedrohten und es an Räubereien und Verwüstungen nicht fehlen ließen."

Vorausgegangen ist Fürst Salinas Abschied von seinem Neffen Tancredi, der sich in den Bergen um Ficuzza den Aufständischen anschließen will. Diesen unterstellt der Fürst, dass sie „alle zur ‚Mafia'" gehören, während es Tancredi als Mitglied des Adels für seine Aufgabe hält, an der von Cavour, Mazzini und Garibaldi vorangetriebenen Bewegung des Risorgimento, der „Wiedererstehung", aktiv teilzunehmen: „Sind nicht auch wir dabei, so denken sich die Kerle noch die Republik aus. Wenn wir wollen, dass alles so bleibt, wie es ist, dann ist nötig, dass alles sich ändert."

Der umbrische Maler Alberto Burri überwölbte die Straßen und Ruinen eines Teils des alten Gibellina mit Beton, in den die alten Grundrisse eingegraben sind. Dieses ehemals weiße „Leichentuch" (die Aufnahme entstand 1991) hat sich heute der bräunlichen Farbe der Umgebung angenähert. Das begehbare „Cretto" dient als Kulisse des alljährlichen Festivals Orestiade di Gibellina mit Aufführungen der Orestie von Aischylos; zu den bisher vertretenen Regisseuren gehören Ariane Mnouchkine, Peter Stein und Robert Wilson. Als unbedachtes Raumensemble gestaltete Francesco Venezia in Gibellina Nuova den unten abgebildeten Giardino.

Der „Kunst-Ort" Gibellina Nuova. „Wenn auf die Vergangenheit nicht mehr gebaut werden kann, dann zählt allein die Zukunft." Nach dieser Devise wurde der kommunistische Bürgermeister und ehemalige Senator im römischen Parlament, Ludovico Corrao, zum Initiator eines Experiments ohne Beispiel: der Ausstattung eines neu erbauten Dorfes mit Stiftungen prominenter Architekten, Bildhauer und Maler (darunter Renato Guttuso), die Gibellina Nuova in ein Mekka der zeitgenössischen Kunst verwandelten.

In der Nacht des 14. Januar 1968 hatte ein Erdbeben das Bergdorf Gibellina und dreizehn weitere Orte im Bélicetal, etwa 100 Kilometer südlich von Palermo, zerstört. Der Wiederaufbau wurde zum Inbegriff mafioser Macht: Die sofort zur Verfügung gestellten Gelder verschwanden in dunklen Kanälen, die obdachlosen Einwohner Gibellinas hausten neun Jahre lang in einem notdürftigen Barackenlager. Als schließlich die neuen Ansiedlungen nach Plänen renommierter italienischer Architekten wie Vittorio Gregotti und Paolo Portoghesi ins Werk gesetzt wurden, gab sich Corrao mit der Errichtung eines auf dem Reißbrett entstandenen Gibellina Nuova nicht zufrieden.

Seinem Appell, Neues zu schaffen, folgten italienische und deutsche Architekten wie Pietro Consagra, Arnaldo Pomodoro, Oswald Mathias Ungers und Rob Krier. „Neues" bedeutete allerdings auch, dass traditionelle urbane Strukturen wie die zentrale Piazza verloren gingen und die Ausstattung mit Freilichtskulpturen von vornherein denkmalhaften Charakter besaß. Dem Zustrom an Besuchern steht die Distanz der Bewohner zu „ihrer" neuen Heimat gegenüber, „die als Forum und Übungsplatz für eine Reihe arrivierter Architekten und Designer, als Experiment und Provokation zugleich weiter vor sich hin dämmert".

Syrakus
Griechisches Theater im ausgedehnten Archäologischen Park des Stadtteils Neàpoli. Eine Spielstätte ist in Syrakus seit dem 5. Jahrhundert v. Chr. belegt. Erhalten sind die Überreste des unter Hieron II. um 230 v. Chr. erbauten Theaters mit einem Höhenunterschied zwischen der Orchestra und dem obersten Rang des keilförmig in neun Sektoren gegliederten Theatrons von 19,10 Metern. Der Zuschauerraum war somit vergleichsweise flach ansteigend, bot aber 150 00 Zuschauern Platz.
Der Dom von Syrakus auf der Insel Ortygia enthält 8,20 Meter hohe Säulen des dorischen Athenatempels, der als Siegesmal nach der Schlacht bei Himera gegen Karthago (480 v. Chr) erbaut wurde und in römischer Zeit der Göttin Minerva geweiht war. Erhalten sind auch die wulstförmigen Kapitelle (Echinus) mit quadratischer Platte (Abakus). Initiator der Synthese aus heidnischem und christlichem Sakralbau war im 7. Jahrhundert Bischof Zosimus. Die Aufnahme zeigt eines der beiden Seitenschiffe mit den Zugängen zu rechts anschließenden Seitenkapellen.

Agrigent
Entlang der südlichen Kante des Plateaus reihten sich hinter der Stadtmauer sieben dorische Tempel aus dem 5. Jahrhundert. Zu Beginn dieser Blütezeit des griechischen Akragas entstand der Heraklestempel (Tempel A) auf einer Grundfläche von 67 x 25 Metern. Das Foto zeigt die acht im Jahr 1924 wieder aufgerichteten Säulen (von ursprünglich fünfzehn) der seitlichen Ringhalle; ganz links eine der vier Säulentrommeln der neunten Säule. Vier der mit Kanneluren versehenen Säulen tragen den wulstförmigen Echinus, das Verbindungsglied zwischen Säulenschaft und Deckplatte (Abakus).
Als Goethe den Heraklestempel besichtigte, bewunderte er die schon vor der Wiederaufrichtung erkennbare „vormalige Symmetrie": „Die Säulen, wahrscheinlich durch das Gebälk zusammengehalten, stürzten auf einmal, vielleicht durch Sturmwut niedergestreckt, und sie liegen noch regelmäßig, in die Stücke, aus denen sie zusammengesetzt, zerfallen" (25. April 1787).
Westlich schloss sich der Riesenbau (113,5 x 56,3 Meter) des dem olympischen Zeus geweihten Tempels B an. Er wurde nach dem Sieg über Karthago (Schlacht bei Himera, 480 v. Chr.) von karthagischen Kriegsgefangenen errichtet und bei der Eroberung von Akragas durch die Karthager im Jahr 406 v. Chr. völlig zerstört.
Um die Mitte des 5. Jahrhunderts folgten im Bezirk eines vorausgegangenen Heiligtums der chthonischen Gottheiten zwei Tempel (I und L), deren ersterer als Dioskurentempel bezeichnet wird (Abb. S. 44).

Aus derselben Zeit stammt der Tempel der Juno Lacinia. Zwischen diesem und dem Heraklestempel entstand um 430 der Concordiatempel (Tempel F, Abb. oben). Er ist der besterhaltene griechische Tempel auf Sizilien, und zwar dank seiner wohl bereits Ende des 6. Jahrhunderts beginnenden (durch Papst Gregor I., den Großen, veranlassten?) Nutzung als Kirche. Die entsprechenden Ein- und Anbauten wurden um 1785 entfernt.
Die östliche Schmalseite zeigt den klassischen Aufbau einer dorischen Tempelfront mit vierstufigem Unterbau (Krepis), kannelierten Säulen (ohne Sockel) und Kapitellen, gegliedert in Echinus und Abakus, darüber das waagrechte Gebälk aus Architrav und Triglyphen-Metopen-Fries und das dreieckige Giebelfeld (Tympanon), gerahmt durch das dreiseitige Gesims (Geison). Was fehlt, ist der plastische Metopen- und Tympanonschmuck. Mit einer Grundfläche von 38,10 x 16,91 Metern gehört der Concordiatempel zu den vergleichsweise kleinen Bauten im Tal der Tempel von Agrigent.
Um 410 v. Chr. wurde an der südwestlichen Ecke der Stadtmauer mit dem Bau des Hephaistostempels begonnen (Tempel G), der wohl aufgrund der genannten Eroberung durch die Karthager unvollendet blieb.

Agrigent und Selinunt
Blick über das Ruinengelände der antiken Stadtanlage nach Norden zum modernen Agrigento. Im Mittelgrund erheben sich vier, zwischen 1836 und 1871 wieder errichtete und mit dem Eckgebälk versehene Säulen des Dioskurentempels, doch ist diese Benennung ebenso willkürlich wie die der übrigen Tempel des antiken Akragas. Die weiße Beschichtung an einigen Stellen erinnert an den Verputz der antiken Tempel mit polychrom bemaltem Marmorstuck.
Die Ruinen des einst mächtigen Selinos (benannt nach dem hier verbreiteten Sellerie) inspirierten den arabischen Geographen und Weltreisenden Ibn Gubayr Ende des 12. Jahrhunderts zur Bezeichnung Rahl'-al-Asnam (Ort der Säulen). Bald fielen auch diese trotz vorangegangener Zerstörung imposanten Überreste einem Erdbeben zum Opfer und gerieten bis zur Wiederentdeckung im 16. Jahrhundert in Vergessenheit.
Abgebildet ist der 1956 wieder aufgebaute Heratempel (Tempel E, Grundfläche 67,80 x 25,30 Meter). Der dorische Peripteros mit 6 x 15 Säulen (die Ecksäulen werden jeweils doppelt gezählt) entstand als jüngster der Tempelgruppe auf dem Osthügel zwischen 470 und 450 v. Chr.; fünf Metopen befinden sich im Nationalmuseum in Palermo (Abb. S. 36).

Heraklea Minoa
Blick über das ab 1907 ausgegrabene griechische Theater nach Süden. Minoa entstand im 6. Jahrhundert v. Chr. als Kolonie von Selinos (Selinunt). Der Name besagt: Hier soll König Minos im Thermalbad umgekommen sein, als er dessen Erbauer Daidalos nach Kreta zurückholen wollte. „Heraklea" bezieht sich auf die Besiedlung durch Herakliden aus Sparta. Bereits in römischer Zeit wurde die Stadt aufgegeben; ein Teil des ehemals bewohnten Gebietes fiel einem Erdrutsch zum Opfer.

Sciacca
Nahe Heraklea Minoa liegt das ehemalige römische Thermae Selinuntiae, heute als Sciacca das bedeutendste See- und Thermalbad Siziliens mit einem Schwefelheilbad im Vorort Sciaccamare.

Der Herr mit Turban am Ende des Karnevalsumzugs mag an die Blütezeit Sciaccas als Agrar- und Handelszentrum al-Saqah unter arabischer Herrschaft erinnern.

ZONA RIMOZIONE
1986

IRENE 3PE 542

Trapani
Abseits der modernen Geschäfts- und Handelsstadt (Abb. S. 51 oben) mit Schifffahrtsverbindungen vor allem nach Afrika liegen entlang der Küste die flachen Becken der Salinen. Zu ihren Wahrzeichen gehören Windmühlen. Die bereits im Altertum in Drepanon betriebene Salzgewinnung erlebte unter der aragonesischen Herrschaft im 14. Jahrhundert einen neuen Aufschwung.

Mazara del Vallo
Die ehemals phönizische Handelsstation wurde im 6. Jahrhundert v. Chr. zum Handelshafen von Selinos ausgebaut; heute ist hier die größte italienische Fischfangflotte stationiert. Eine Blütezeit erlebte die Stadt unter der Herrschaft der hier 827 gelandeten Araber. Zu ihrer Hinterlassenschaft gehört die an eine orientalische Kasba erinnernde Anlage der Altstadt. Doch auch die normannische, ringsum von halbrunden Zinnen bekrönte Kirche San Nicolò Regale bewahrt mit ihrer kubisch-blockhaften Geschlossenheit islamische Bautradition.

Trapani
Im 16. Jahrhundert überflügelte Trapani als Hafenstadt das benachbarte Marsala, nachdem auf Anordnung Karls V. dessen von Piraten bevorzugtes Hafenbecken zugeschüttet worden war. In der Paarungszeit strömen die bis zu fünf Meter langen Thunfische aus dem Atlantik in das westliche Mittelmeer und sammeln sich unter anderen vor der Westküste Siziliens im Bereich der Ägadischen Inseln. Hier werden sie Opfer der „Mattanza", einem riesigen, zwischen im Rechteck gruppierten Booten ausgespannten Netz.

Mazara del Vallo
Den drei Rundbogenfenstern der Portalseite von San Nicolò Regale (Abb. links) entsprechen an der Rückseite drei Apsiden. Denselben Grundriss besitzt die etwa zeitgleiche, der Allerheiligsten Dreifaltigkeit geweihte Normannenkirche Santissima Trinità bei Castelvetrano. Hier wie dort überwölbt eine zentrale Kuppel den quadratischen Innenraum. (In Mazara wurde sie bei einer Restaurierung durch eine Plastikkuppel ersetzt.)

Erice
Die Hauptkirche der am 750 Meter hohen Monte Erice gelegenen Bergstadt (mit internationalem Kongresszentrum) ist die Chiesa Matrice (1312–14, links). Der kubisch geschlossene, erst im 15. Jahrhundert durch einen vorgeblendeten Portikus bereicherte Bau steht in der Tradition der arabo-normannischen Architektur und bildet ein gutes Beispiel für den Chiaramontestil. Ihn prägt auch der wohl bereits vor der Kirche als Wehrbau errichtete Campanile mit spitzbogig überwölbten Doppelfenstern (Biforien). Benannt ist dieser Stil nach der Adelsfamilie Chiaramonte, die im 14. Jahrhundert von den jahrzehntelangen Kämpfen Friedrichs II. von Aragón gegen die aus Sizilien vertriebenen Anjou in Unteritalien profitierte. Zu ihren Hochburgen gehörte Naro östlich von Agrigent; in Palermo errichteten sie die erste adlige Stadtburg, den Palazzo Chiaramonte. Vor diesem wurde 1392 der letzte Spross der Familie enthauptet.

Die Normannenburg von Erice (rechts unten) birgt Überreste des hier der Liebesgöttin Astarte/Aphrodite/Venus geweihten, mit der Ankunft des Aeneas an der Westküste Siziliens in Verbindung gebrachten Heiligtums: Bruchstücke von Säulen, eines Bodenmosaiks und den Venusbrunnen. Von hier aus bietet sich ein unvergleichlicher Fernblick zum Monte Cofano (oben links). Die weit nach Westen vorstoßende Landzunge von Trapani, das dem antiken Eryx als Hafen diente (oben rechts), lässt sich von der nach Erice führenden Bergstraße aus erkennen.

Castellamare del Golfo
Der Badeort an der Mündung des Freddo-Flusses diente im Altertum dem landeinwärts in südöstlicher Richtung gelegenen Segesta als Hafen. Zwischen beiden Orten besteht Sichtverbindung, sodass angenommen werden kann, dass die reiche Elymerstadt durch Signale vor verdächtigen Ereignissen im nach Norden geöffneten, seitlich durch die Landzungen Capo di Torre und Capo Rame begrenzten Golf gewarnt wurden. Heute gehören Castellamare und Nachbarorte wie Scopello (Abb. S. 33) zu den beliebtesten Ausflugszielen der Städter aus Trapani und Palermo.

3 Normannen, Staufer und Spanier

Mit „frisch grünenden Maulbeerbäumen, immer grünendem Oleander, Zitronenhecken" sah sich Goethe am 3. April 1787 von der „Königin der Insel" empfangen. „Die Luft ist mild, warm und wohlriechend, der Wind lau. Der Mond ging dazu voll hinter einem Vorgebirge auf und schien ins Meer; und diesen Genuss, nachdem man vier Tage und Nächte auf den Wellen geschwebt!" Vor allem das Naturerlebnis berührte den Weimarer in Palermo, während er sich die „fatale Hervorrufung" von „abgeschiedenen Gespenstern" streng verbat: Sein Reiseführer hatte ihm am betreffenden Ort von jener Schlacht berichtet, in der 251 v. Chr. Caecilius Metellus im Ersten Punischen Krieg den karthagischen Feldherrn Hasdrubal besiegte.

Prähistorische Zeugnisse in Form von Felsmalereien aus der Jungsteinzeit bietet die Addàura-Grotte des Monte Pellegrino, Felsgräber phönizischen Ursprungs die vorgelagerte Insel Ustica. Der karthagische Flottenstützpunkt, von den Griechen Panormos genannt, widerstand dem griechischen Expansionsdrang und wechselte erst nach der genannten Schlacht am Oreto-Fluss den Besitzer. Nach einer Zeit des Niedergangs (Vandaleneinfall unter Geiserich 440 n. Chr., 535 n. Chr. Eroberung durch den byzantinischen Feldherrn Belisar) gelangte Palermo unter arabischer Herrschaft zu höchster Blüte, von der die Normannen ebenso profitierten wie der Staufer Friedrich II., dessen Grabstätte sich in der Kathedrale von Palermo befindet. Die höchste Stufe erreichte die normannisch-sizilische, von der arabisch-islamischen ebenso wie von der byzantinischen Kunst geprägte Architektur in Monreale. Auch die zweite bedeutende Kunstepoche der Insel, die Zeit des Barock, gelangte in Palermo, der Residenz der Vizekönige des bourbonischen Königreichs Neapel, zu üppiger Entfaltung.

Gekrönter Adler mit einem Hasen in den Fängen, um 1160; Detail des Deckenschmucks im „Zimmer des Roger" des Normannenpalastes in Palermo.

Im benachbarten Bagherìa befindet sich eine Vielzahl barocker Villen, deren berühmteste, die Villa Palagonia, nach wie vor durch die bizarre Häufung von Missgestalten fasziniert oder abstößt – Goethe empfand sich als durch „Spitzruten des Wahnsinns durchgejagt" (9. April 1787). Nichts konnte seinem auf das klassische griechische Erbe Siziliens gerichteten Sinn in höherem Grad zuwider sein, und selbst der Anblick der Natur, „der unschätzbare Blick über die Vorgebirge ins Meer", wurde ihm „durch farbige Scheiben verkümmert, welche durch einen unwahren Ton die Gegend entweder verkälten oder entzünden".

Der nördliche, dem Tyrrhenischen Meer zugewandte Küstenabschnitt zwischen Palermo und der Punta del Faro im Osten wird durch die Bergregionen des Hinterlandes bestimmt, die zumeist nur einem schmalen Küstenstreifen Raum lassen. Kennzeichnend sind Bergstädtchen wie Càccamo unterhalb des Monte San Calogera mit einem später erweiterten Normannenkastell und dem ebenfalls ursprünglich normannischen, im 16. Jahrhundert umgestalteten Dom San Giorgio oder San Fratello oberhalb von Sant'Agata di Militello; hier wird am Gründonnerstag und Karfreitag das so genannte Judenfest begangen.

Doch auch die Nordküste besitzt ein herausragendes kulturgeschichtliches Bauzeugnis: In Cefalù, dem griechischen Kephalaidion, stiftete Roger II. als Votivkirche den reich mit Mosaiken ausgestatteten Dom.

Das berühmteste Wallfahrtsziel auf Sizilien ist heute Tìndari an der Stelle der 396 v. Chr. durch Dionysios I. von Syrakus als Bollwerk gegen die Karthager gegründeten Festung Tyndaris, die in römischer Zeit zahlreiche Sonderrechte genoss. Ziel der Wallfahrt ist die „Schwarze Madonna von Tìndari", deren Fest am 8. September begangen wird.

Stilgeschichtlich gehört die 1573 von der Stadt Palermo aus Florenz erworbene Brunnenanlage auf der Piazza Pretoria dem Manierismus an (vgl. Abb. S. 7). Die allegorischen Aktfiguren (1554/55) von Francesco Camilliani, an denen sich die Benediktinerinnen des benachbarten Klosters mit der Kirche Santa Caterina bei Nacht mit Hammer und Meißel vergangen haben sollen, gaben Anlass zur Bezeichnung als Piazza Vergogna (Platz der Scham). Dessen ungeachtet dienen die figurengesäumten Stufen der Fonte Pretoria im Zentrum der Altstadt von Palermo, nahe dem Schnittpunkt des Corso Vittorio Emanuele und der Via Maqueda, als pittoresker Schauplatz für Hochzeitsbilder.

Panormos. Die griechische Bezeichnung der ursprünglich phönizischen Handelsniederlassung bedeutet „ganz Hafen". Geographische Merkmale sind die Mündung des Flusses Orieto und der westlich bis zu 606 Metern ansteigende Monte Pellegrino, vor allem aber eine in weitem Bogen nach Norden geöffnete Bucht. Sie bildet ein natürliches Hafenbecken, das für Schiffsreisende zum überwältigenden Erlebnis werden kann; aus gutem Grund gehörte die Bucht von Palermo bzw. die „Goldene Muschel" (conca d'oro) seit dem 18. Jahrhundert zu den beliebtesten Motiven der Landschaftsmalerei, die das südliche Italien und Sizilien zu bieten hatten.

Als Flottenstützpunkt Karthagos bewahrte Panormos seine Macht und wurde Ende des 5. Jahrhunderts v. Chr. nach der griechischen Expansion zum Ausgangspunkt der Gegenoffensive. Erst im zehnten Jahr des Ersten Punischen Krieges (264–241 v. Chr.) fiel es den Römern zum Opfer und stand in der Provinz Sicilia im Schatten von Messina und Syrakus. 831 n. Chr. von den vier Jahre zuvor auf Sizilien gelandeten Muslimen erobert, bildete Palermo von nun an die Hauptstadt der Insel.

Normannisch-sizilische Baukunst. Hinter diesem stilgeschichtlichen Begriff der Kunstgeschichte verbirgt sich die einzigartige Synthese mittelalterlicher Gestaltungsformen, die in Palermo und im benachbarten Monreale zur Blüte gelangt ist. Sie verbindet die Romanik, die erste „internationale" Kunstsprache Europas seit dem Ende der Antike, mit den Errungenschaften der arabisch-islamischen Architektur und der byzantinischen Raumausstattung. Letztere betrifft die goldgrundigen Mosaiken der Kirche La Martorana (beg. 1143, mit dem Apsismosaik des Christus Pantokrator und der Königskrönung Rogers II. durch Christus) und der Cappella Palatina (Abb. S. 67). Die 1132 unter Roger II. begonnene Palastkapelle im Komplex des Palazzo dei Normanni bewahrt zugleich arabisches Kunsthandwerk: eine holzgeschnitzte Stalaktitendecke mit kufischen Inschriften; die Marmorintarsien des Fußbodens und des unteren Wandbereichs zeigen orientalische Ornamente. Arabisch-islamische Tradition wirkt in den Kuppeln der 1132 über einer Moschee errichteten Kirche San Giovanni degli Eremiti nach, in den sich überkreuzenden Blendbögen am Ostteil des Doms von Palermo sowie im Brunnenhof in Monreale.

Von späteren Veränderungen unberührt sind die im Westen gelegenen arabo-normannischen Lustschlösschen Cuba, Cubula und Zisa, dessen Fassade von Spitzbogenfenstern – einer vor der Gotik in der islamischen Architektur entwickelte Bogenform – durchbrochen wird. Durch dieses „maurische, bis jetzt wohlerhaltene Haus" mit „schönen, weiten und wohlproportionierten Räumen" (15. April 1787) kam Goethe erstmals mit der orientalischen Kultur in Berührung, der er später mit den Gedichten des *Westöstlichen Diwan* huldigte.

Der Hof Friedrichs II. Der staufische Enkel des Normannenkönigs Roger II. verstand sich wie dieser als Verkörperung des Rechtes auf Erden (lex animata in terris) – eine Auffassung des König- und Kaisertums, welche die Grenzen der theokratischen, stets mit der Kirche konkurrierenden Herrscherideologie der Ottonen und Salier überwand und zu den „modernen" Aspekten des Staufers zählt. Die praktischen Konsequenzen zeigten sich in der zentralistischen Reorganisation seines Königreiches Sizilien, das Friedrich II. nach den Prinzipien eines auf Beamte gestützten Verwaltungsstaates regierte.

Carl Wilhelm Götzloff, *Die Bucht von Palermo*, um 1845; Öl auf Leinwand, 90 x 120 cm; Privatbesitz.

Alle Fäden liefen in der Residenz des Römischen Kaisers sowie Königs von Sizilien und Jerusalem in Palermo zusammen. Die ehemals normannische Residenz, errichtet über einem arabischen Festungspalast, dem wiederum ein römisches Kastell zugrunde lag, erfuhr durch Friedrich II. keine baulichen Veränderungen – Schöneres als die Appartamenti Reali ließ sich schwerlich erreichen. Statt dessen kulminierte hier, misstrauisch beäugt von den konservativen Ideologen in Kirche und Staat, das geistige und künstlerische Leben des Abendlandes ebenso wie des Orients. Der Kaiser selbst setzte sich in seinem wissenschaftlichen Werk *De arte venandi cum avibus* (Von der Kunst, mit Vögeln zu jagen, sog. *Falkenbuch*) auf empirischer Grundlage mit antiken Autoritäten wie Aristoteles auseinander. Die höfische „Sizilianische Schule" bildeten Lyriker aus der weltli-

chen Elite, der Beamtenschaft (z. B. war Giacomo da Lentini Richter in Catania). Sie rezipierten – wie in Deutschland die Minnesänger – die profane Dichtung der Troubadoure in volkssprachlicher Form und gewannen grundlegende Bedeutung für die italienische Literatur. Kennzeichnend für die sinnenfrohe Atmosphäre am Hof Friedrichs II. sowie seiner Söhne Manfred und Enzo ist die Auffassung des Matteo Ricco da Messina von der „natürlich geborenen" Liebe. „Und da die Liebe eine natürliche Sache ist", so versucht der Dichter seine Dame zu überzeugen, „müsst ihr Erbarmen mit meinem Leiden haben."

32 Jahre nach dem Tod Friedrichs II. im apulischen Fiorentino, dem der schrittweise Zerfall der staufischen Macht und das Zwischenspiel der Herrschaft Karls von Anjou folgten (Krönung zum König von Sizilien in Rom 1266), wurde Palermo zum Schauplatz der „Sizilianischen Vesper". In der damals am Stadtrand gelegenen Kirche Santo Spirito brach am Ostermontag des Jahres 1282 der Aufstand gegen die Franzosen los.

Die Feste der Hl. Rosalia. Alljährlich gedenkt Palermo mit dem Volksfest vom 13. bis 15. Juli der Auffindung der Gebeine der hl. Rosalia im Jahr 1625: Zwei Eremiten entdeckten den wohlerhaltenen Körper (mit rosenbekränztem Haupt) in einer Höhle des Monte Pellegrino, der einstigen Einsiedelei Rosalias. Als die Reliquie durch die Straßen der von einer Pestepidemie heimgesuchten Stadt getragen wurde, fand die Seuche ein sofortiges Ende. Seitdem ist Rosalia die Schutzheilige Palermos.

Jeweils am 4. September wird ihr Todestag mit einer Prozession begangen. Sie führt zum Heiligtum, in das jene Grotte umgestaltet wurde: Dem Eingang ist in einiger Entfernung eine Kirchenfassade vorgeblendet, sodass sich ein „Kirchenschiff" unter freiem Himmel ergibt. In der als Chor dienenden Grotte befindet sich in einem gläsernen, als Altar dienenden Sarkophag die marmorne, in einen Mantel aus vergoldetem Silber gehüllte Liegefigur der Heiligen, ein Werk des Florentiner Bildhauers Gre-

Brunnenhof am Kreuzgang der Kathedrale von Monreale (1174–82). Basis und Schale des Brunnens vereinen die Formsymbolik von Viereck, Achteck und Kreis. Der mit Zickzack-Kanneluren versehene Schaft symbolisiert in der islamischen Tradition die Palme, das christliche Symbol der Beständigkeit und Unsterblichkeit.

gorio Tedeschi. Das eigentliche Grab der Heiligen befindet sich in der Kathedrale von Palermo.

Goethe, der das Sanktuarium auf dem „Pilgerberg" Monte Pellegrino am 6. April 1787 aufsuchte, überließ sich „ganz der reizenden Illusion der Gestalt und des Ortes", zumal nach dem Chorgesang der Mönche „wieder eine große Stille in dieser gleichsam wieder ausgestorbenen Wüste" eintrat.

Die Vita der Heiligen führt zurück in die Normannenzeit. Rosalia war ein Edelfräulein Margarethes von Navarra, der Gattin König Wilhelms I. Ihr Vater, Graf Sinibaldo della Quisquina, beteiligte sich 1161 an einem erfolglosen Aufstand gegen Wilhelms Minister Maione de Bari und wurde hingerichtet. Rosalia musste fliehen und starb nach offizieller Datierung am 4. September 1166 als Eremitin. Die „Lustbarkeiten des Festes der heiligen Rosalie" im Juli übertrafen im späten 18. Jahrhundert, dem Urteil des englischen Naturforschers Patrick Brydone zufolge, „diejenigen sehr weit, welche wir in der heiligen Woche in Rom, oder an dem Himmelfahrtstage zu Venedig oder an irgendeinem anderen Feste jemals gesehen haben".

Der „Schlüssel zu allem". Goethes zweiter Eintrag unter dem Datum „Palermo, den 13. April 1787" beginnt mit dem in einem kulturgeschichtlichen Sizilienbuch unvermeidlichen Satz: „Italien ohne Sizilien macht gar kein Bild in der Seele: hier ist erst der Schlüssel zu allem." Was folgt, ist ein Lob der weniger seelischen als vielmehr leiblichen Wohltaten, die das Klima, Speise und Trank auf Sizilien bieten.

Tatsächlich fasst jener Satz in aphoristischer Form das Sizilienerlebnis Goethes zusammen, das ihm die griechische Kultur näher brachte. Damit stimmt überein, dass sich Goethe in Sizilien mit seinem auf dem Weg nach Rom gefassten Plan eines Nausikaa-Dramas beschäftigte. Auch in anderer Hinsicht glaubte Goethe, auf Sizilien, genauer: im Botanischen Garten von Palermo, den „Schlüssel zu allem" gefunden zu haben, nämlich die „Urpflanze". Der von Herder geprägte Begriff, den Goethe später durch den Begriff der „Metamorphose der Pflanzen" ersetzte, bezog sich weniger auf einen bestimmten Ursprung der Pflanzenentwicklung, sondern vielmehr auf die sinnfällige Form ihrer allgemeinen Gesetzmäßigkeit. Durch die Erörterung dieses Themas in einem nächtlichen Gespräch, das sie Ende Juli 1794 im Anschluss an eine Sitzung der Botanischen Gesellschaft in Jena führten, kamen sich Schiller und Goethe näher, und Letzterer sah sich durchaus verstanden, als Schiller sein Verfahren in dem Satz zusammenfasste: „Von der einfachen Organisation steigen Sie, Schritt vor Schritt, zu den mehr verwickelten hinauf, um endlich die verwickeltsten, den Menschen, genetisch aus den Materialien des ganzen Naturgebäudes zu erbauen" (*Briefwechsel*, 23. August 1794). Gefallen musste Goethe vor allem, dass ihm der neue Freund einen „griechischen Geist" attestierte. Wobei „griechisch" mit „antik" gleichzusetzen ist: Das griechisch-byzantinische Erbe des Mittelalters blieb Goethe zu jener Zeit noch verschlossen. Der Besuch in Monreale am 10. April 1787 fand seinen Niederschlag lediglich im Lob des Zugangs zur Kathedrale, den Erzbischof Testa von Monreale angelegt hatte.

Mittelschiff der Kathedrale von Monreale. Als Blickpunkt dient die Halbkuppel der Apsis mit dem goldglänzenden Mosaik des Christus Pantokrator (vgl. Abb. S. 68).

Monreale. Dieses Zauberwort verbindet sich in Goethes Reisetagebuch mit dem abseits gelegenen, 1770 erweiterten Benediktinerkloster San Martino delle Scale. Hier besichtigte Goethe ein Kunst- und Naturalienkabinett und ließ sich von den Mönchen bewirten. Den Ursprung bildete um 600 eine Gründung unter Papst Gregor I.; der Zerstörung durch die Araber 820 folgt 1346 ein Wiederaufbau. Der Besuch gab Goethe Anlass zu der soziokulturellen Bemerkung über die Leistungen des gemeinschaftlichen Handelns, „wie Kirchen und Klöster zeigen", verbunden mit dem skeptischen Zusatz: „Doch wirkten die geistlichen Gesellschaften wohl nur deswegen so viel, weil sie noch mehr als irgendein Familienvater einer unbegrenzten Nachkommenschaft gewiss waren." Doch die zunehmend säkularisierte Gegenwart ernüchterte: „Heute hatten wir eine große Anstalt zu bedauern, die eben zu der Zeit versinkt, indessen an der andern Seite ein abgeschmacktes Unternehmen mit frischem Wachstum hervorsteigt" – die Villa des Prinzen von Palagonien in Bagheria, Ausdruck des krassen Individualismus (10. April 1787).

Heute verbindet sich mit Monreale die Erinnerung an die Blütezeit der normannisch-sizilischen Kunst auf der Grundlage des arabischen Erbes und in Verbindung mit byzantinischen Überlieferungen. Das hier zu höchster Vollkommenheit gelangte gemeinschaftliche Wirken wurde vom Normannenkönig Wilhelm II. in Gang gesetzt Aus kirchenpolitischen Gründen entstand ab 1171 auf dem „königlichen Berg" ein festungsartiger Baukomplex. Er umfasste einen Königspalast und einen Palast des Erzbischofs mit Dom bzw. Kathedrale und einem Kloster, das der König dem benediktinischen Reformorden der Cluniazenser übergab. Als Zentrum einer neu geschaffenen Diözese bildete Monreale ein Gegengewicht zur Diözese Palermo. Erhalten sind der Dom und der Kreuzgang des 1886 endgültig aufgegebenen Klosters.

Epochengeschichtlich reiht sich der Dom in die Romanik ein. Doch unterscheidet sich die Baugestalt des Doms in Monreale und vergleichbarer Architekturen in Palermo und Cefalù an der Nordküste sowie in Casalvecchio Siculo an der Ostküste durch die Klarheit des Gefüges aus Langhaus und Chorquadrat vom klassischen romanischen „Gliederbau" mit der Tendenz zur Verselbstständigung der Raumglieder, beispielsweise der ausladenden Querschiffe mit Apsiden oder des Chorumgangs und zahlreicher Nebenkapellen. Die Vereinheitlichung der Raumteile führt zu hohen und breiten Mauer- bzw. Wandflächen, die in Monreale am östlichen Außenbau einen Dekor aus fatimidischen Teppichmustern mit sich überschneidenden spitzbogigen Blendarkaden, Rosetten und Friesen zeigen. Der äußeren „textilen" Ornamentik entspricht an den Innenwänden ein kostbares „Gewand" aus 111 Mosaikfeldern. Sie schildern alt- und neutestamentliche Szenen; die Themen der Einzelfiguren reichen vom „Allherrscher" Christus Pantokrator in der Mittelapsis über Engel, Propheten und Apostel bis zum 1170 ermordeten und 1173 heiliggesprochenen Thomas Becket, Erzbischof von Canterbury.

Mit der immateriellen Wirkung der goldgrundigen musivischen Verkleidung der Wände kontrastieren die Bronzetüren des Westportals in stilgeschichtlicher Hinsicht. Sie gliedern sich in 42 Kassetten mit ebenfalls alt- und neutestamentlichen Szenen, doch ist die Gestaltungsweise der körperlich-plastischen, in gewisser Weise materiellen romanischen Reliefkunst verpflichtet. Die beiden Türflügel wurden 1186 von Bonanus von Pisa geschaffen, benannt nach seiner Tätigkeit in Pisa (Türflügel der Porta di San Ranieri des Doms, um 1180). In der süditalienisch-byzantinischen Tradition einer zeichnerischen Darstellung und ornamentalen Rahmung in der Malerei und in der Reliefkunst stehen in Monreale die Bronzetüren des Barisanus von Trani aus dem Jahr 1179; sie verschließen das seitliche Portal am nördlichen Seitenschiff.

Wie die romanischen „Kaiserdome" am Rhein war der Dom von Monreale als königliche Grablege gedacht. Zu beiden Seiten des Chorquadrats, von dem der Königssitz und der Bischofssitz zum Altar in der Mittelapsis überleiten, befinden sich die Sarkophage Wilhelms I., seiner Gemahlin Margarethe von Navarra und Wilhelms II., der 1189 noch vor Vollendung des Domes gestorben ist, sowie seiner früh verstorbenen Brüder Heinrich und Roger.

Verwundern mag der Sarkophag Ludwigs IX., des Heiligen, von Frankreich, dessen Grab in der königlichen Grablege Saint-Denis zu erwarten wäre. Der König wurde 1270 während seines zweiten Kreuzzugs vor Tunis das Opfer einer im Heerlager wütenden Seuche. Sein Leib wurde eingeäschert, während das Herz und die Eingeweide nach Frankreich gebracht werden sollten. Monreale diente ursprünglich nur als Zwischenstation. Allerdings nicht zufällig: Ludwigs Bruder Karl von Anjou war 1265 vom (französischen) Papst Klemens IV. mit Sizilien belehnt worden, hatte im folgenden Jahr König Manfred bei Benevent besiegt und 1268 Konradin, den letzten Staufer, in Neapel hinrichten lassen. Nachdem 1282 die Sizilianische Vesper der französischen Herrschaft ein Ende setzte, entstand aus dem Provisorium die endgültige Beisetzung der Überreste Ludwigs IX., der 1295 kanonisiert wurde.

Das Labyrinth. Doch auch die zeitgenössischen Bauten Palermos konnten Goethes Schönheitssinn nicht befriedigen. Zwar lobte er die Orientierungshilfe der beiden „meilenlangen Straßen", die sich im Stadtzentrum an den Quattri Canti der Piazza Vigliena rechtwinklig kreuzen: der heutige Corso Vittorio Emanuele und die Via Maqueda. „Was auf diesen Linien liegt, ist bequem zu finden; das Innere der Stadt hingegen verwirrt den Fremden, und er entwirrt sich nur mit Hilfe eines Führers diesem Labyrinthe" (2. April 1787). Was Goethe an „öffentlichen Monumenten, z. B. Brunnen" erblickte, erschien ihm „noch weiter entfernt zum guten Geschmack" als in Neapel; „nur von Zufälligkeiten erhält das Bauwerk Gestalt und Dasein" (5. April).

In den seitdem vergangenen zwei Jahrhunderten hat Palermo, mit rund 700 000 Einwohnern die größte Stadt Siziliens und sechstgrößte Italiens, zumindest eines bewahrt: den Kontrast extremer Gegensätze in städtebaulicher wie in sozialer Hinsicht. So durchquert die mondäne Viale della Libertà die seit Beginn des 20. Jahrhunderts planmäßig und rechtwinklig angelegten vornehmen Wohngegenden, während die weder durch Kriegsfolgen noch durch Naturkatastrophen beeinträchtigten historischen Quartiere vielfach im Schatten des Baubooms liegen und dem Verfall preisgegeben sind.

Stirnziegel (Dachabschluss) aus bemalter Terrakotta mit archaischem, palagonisch-grotesk anmutendem Gorgonenhaupt; Syrakus, Archäologisches Museum.

Der „Palagonische Unsinn". Bereits zu Beginn seines Aufenthaltes in Palermo hakte Goethe die „zwei Hauptpunkte außerhalb der Stadt" ab: Monreale (10. April) und am Tag zuvor die Villa Pallagonia. Während er manches andere ästhetische Urteil, beispielsweise über die byzantinische Kunst, später zu revidieren verstand (seit 1804 besaß Weimar eine „Griechische Kapelle" mit Ikonen), blieb die hier empfundene Abscheu vor einer barocken Phantasiewelt bis ins hohe Alter lebendig.

Übrigens stand Goethe mit seinem Urteil nicht allein. Auch Patrick Brydon entsetzte sich über diese „seltsame Art von Narrheit, und es ist kaum zu begreifen, warum man ihn nicht schon lange eingesperrt hat. Doch er ist vollkommen unschädlich und beleidiget niemanden, dass er seinem Wahnsinn nachhängt" (*A Tour Through Sicily*, 1772; dt. 1774). Gemeint ist Ferdinando Francesco II. Gravina, Cruylas ed Alliata, Principe di Palagonia, der ab 1747 den von seinem Großvater 1715 begonnenen Palast (entworfen von dem Dominikaner-Architekten Tommaso Maria Nardini) mit einer Unzahl grotesker Skulpturen ausstatten ließ (Abb. S. 72f.) Eine der von Goethes als Zeichner dienstverpflichtetem Reisebegleiter Christoph Heinrich Kniep mit dem Stift dokumentierten Balustradenfiguren beschreibt Goethe als „Pferde-Weib auf einem Sessel sitzend, gegen einen, unterwärts altmodisch-gekleideten, mit Greifenkopf, Krone und großer Perücke gezierten Cavalier Karte spielend". Auffallend ist die geradezu pedantische Genauigkeit, mit der Goethe alle Details auch des Mobiliars beschreibt, mit Stühlen, deren Beine „ungleich abgesägt [sind], sodass niemand Platz nehmen kann, und vor den sitzbaren Stühlen warnt der Castellan, weil sie unter ihren Sammetpolstern Stacheln verbergen" (9. April 1787; im folgenden Jahr starb der Principe di Palagonia).

Die Heimat des Daphnis. Am Rand des breiten Mündungstales des Imera-Flusses entstand 648 v. Chr. als Tochterstadt von Zankle (heute Messina) Himera (heute Imera). Hier lebte um 600 v. Chr. der im süditalienischen Matauros geborene Lyriker Stesicheros, berühmt als Verfasser einer balladenhaften Dichtung über die Liebe zwischen Chloë und Daphnis. Sie fand Jahrhunderte später ihre klassische Gestaltung durch den ansonsten unbekannten Erzähler Longos (aus Lesbos?) in den *Hirtengeschichten von Daphnis und Chloë* (um 300 n. Chr.), die Illustratoren bis hin zu Marc Chagall inspirierten.

Mit der antiken Geschichte Siziliens ist Himera durch die zwischen karthagischen Truppen einerseits, den Truppen aus Syrakus und Akragas andererseits 480 v. Chr. ausgefochtene Schlacht verbunden, die den Griechen die Vorherrschaft auf Sizilien sicherte. Von der einst blühenden Stadt sind jedoch nur Reste des „Siegestempels" erhalten, nachdem die Karthager 409 v. Chr. die Konkurrentin zerstört hatten.

Römische Spuren. Zu den Bauzeugen aus der Zeit der 264 v. Chr. eingeleiteten römischen Herrschaft in Sizilien gehört die Ausgrabungsstätte von Soluntum (heute Soliunt), der um 250 v. Chr. gegründeten Ansiedlung. Sie gilt als die einzige rein römische Stadtanlage auf Sizilien. Zutage gefördert wurden Reste des gepflasterten, regelmäßig angelegten Straßennetzes, Grundmauern von Häusern mit Mosaikfußböden, eine Sportstätte und ein Theater.

Aufgrund seiner Treue zu Rom im Ersten Punischen Krieg genoss das 396 v. Chr. durch Dionysios I. von Syrakus gegründete Tyndaris zahlreiche Sonderrechte. Die im heutigen Wallfahrtsort Tìndari freigelegten antiken Überreste dokumentieren das römische Straßen- und Abwassersystem. Teilweise wieder aufgerichtet wurde die dreigeschossige Markt- und Gerichtshalle (Basilika) mit einem „Verkehrsleitsystem" (Abb. S. 75): Durch die Halle führte die Hauptstraße, doch konnte der Verkehr auch umgeleitet werden; außerdem verband eine das Gebäude durchkreuzende Treppenstraße den oberen mit dem unteren Teil der Stadt, deren Ringmauer zu den besterhaltenen auf Sizilien zählt; römische Bürokratie bekundet sich in den eingemeißelten Angaben, aus welchem Steinbruch die Quader stammen.

Die Ruinen eines Aquädukts, eines Amphitheaters, des Forums und einer Thermenanlage sind die Überreste des bei den Römern beliebten antiken Thermalbads Tèrmini-Imerese an den Abhängen des Monte San Calogera. Eine archäologische Neuentdeckung sind die Überreste einer ausgedehnten Villenanlage bei Patti, deren Ausmaße jene der Villa del Casale bei Piazza Armerina übertreffen.

Ein Gelübde Rogers II. Als Dank für die Rettung aus Seenot stiftete der Normannenkönig Roger II. den 1131 begonnenen Dom von Cefalù; er wird als Werk der normannisch-sizilianischen, in der Ausstattung byzantinischen Baukunst lediglich durch die Kathedrale von Monreale übertroffen. Hier wie dort erstrahlt in der Halbkuppel der Chorapsis das monumentale Mosaikbild des Christus Pantokrator, darunter reihen sich Maria, Engel und die zwölf Apostel (Abb. S. 76). Machtvoll erhebt sich die Basilika mit Doppelturmfassade über der Altstadt und wird ihrerseits von der 270 Meter hohen Rocca di Cefalù überragt, einer antiken Kultstätte mit Überresten eines Diana-Heiligtums und einem zerfallenen Normannenkastell sowie einer wohl von den Arabern angelegten Zisterne. Auch der öffentliche Waschplatz in Cefalù wird auf die Zeit der Araber zurückgeführt. Er besitzt in den Felsen gehauene Waschbecken mit steinernen Waschbrettern und ein funktionsgerechtes System der Zu- und Abflüsse.

Aufstand der Barone. Die Burg von Càccamo erinnert an eine Krise des Normannenstaates: Sowohl der Religionsfriede als auch die Autorität der Königsmacht standen auf dem Spiel. Einem ersten Aufstand der Barone 1156, zwei Jahre nach dem Regierungsantritt Wilhelms I., folgte 1160 die Ermordung des mächtigen Beraters des Königs, Maio von Bari, verbunden mit einem Pogrom gegen die Muslime. Der Mörder Bonello verschanzte sich in Càccamo und schnitt von hier aus die Versorgung Palermos ab. Als Wilhelm I., unterstützt von der Kirche, wieder die Oberhand gewann, lag die blutige Rache in den Händen des getauften Eunuchen Martin als Qaid, dessen Bruder dem Massaker in Palermo zum Opfer gefallen war.

Abbildung oben: Überreste des in Himera (heute Imera) nach dem vor den Toren der Stadt 480 v. Chr. ausgefochtenen Kampf der Griechen gegen die Punier errichteten Tempels. Er fiel 409 v. Chr. der Gegenoffensive im Zweiten Karthagerkrieg zum Opfer.

Ein pittoresker Fischerhafen und ein mondäner Jachthafen repräsentieren die beiden Seiten des viel besuchten Ferienortes Cefalù. Die heutige Stadt verdankt ihr noch weitgehend mittelalterlich geprägtes Bild dem Wiederaufbau durch den Normannenkönig Roger II., nachdem dessen Vater Roger I. im Zuge der von Messina ausgehenden Eroberung Siziliens den von Muslimen beherrschten Ort zerstört hatte.

Textile Geschichtsquellen

Besucher der Weltlichen Schatzkammer in der Wiener Hofburg begegnen einem einzigartigen Werk der arabischen Textilkunst aus dem normannischen Erbe des Staufers Friedrich II., das zu den Insignien und Kleinodien des Heiligen Römischen Reiches gehört. Es ist ein halbkreisförmiger Umhang aus unterfüttertem rotem Seidengewebe (Samit) mit einer arabischen Widmung in kufischer Schrift entlang des halbrunden Saums. Sie enthält die Datierung auf das Jahr 528 des islamischen Kalenders (d. i. 1133/34 n. Chr.) und die Signatur der königlichen Hofwerkstatt in der sizilianischen Hauptstadt Palermo. Die arabische Inschrift steht in Einklang mit der figürlichen Gestaltung in Goldstickerei mit Perlenschnüren als Konturen: Zu beiden Seiten eines Lebensbaumes hockt je ein Löwe, den Schweif und das Haupt mit gelockter Mähne triumphierend erhoben, auf einem zu Boden geworfenen Kamel. Der Löwe, zumal in Siegerpose, ist das in frühgeschichtlicher Zeit wurzelnde altorientalische Herrschersymbol. Mit Zeichnungen ausgestattete arabische astronomische Handschriften belegen darüber hinaus die stilistische Verwandtschaft der Stickerei mit Darstellungen des Stern- und Tierkreiszeichens Löwe, sodass der stilgeschichtlich der fatimidischen Kunst zuzuordnende Löwenschmuck den königlichen Umhang als Himmelszelt charakterisiert, das den Herrscher schützend umhüllt.

Aus der Datierung 1133/34 ergibt sich als Herrscher, dem der Umhang gewidmet ist, der Normanne Roger II., von 1130 bis 1154 König über Sizilien. Ihm verdankte Palermo die Einrichtung einer an den Hof gebundenen Manufaktur für Textilien, in der zunächst Araber den Kern der hier beschäftigten Gemeinschaft von Kunsthandwerkern bildeten. Eine vergleichbare Hofwerkstatt befand sich lediglich in Konstantinopel; auch diese datierte und signierte in der Regel ihre Luxusprodukte. 1147 wurde die Hofwerkstatt in Palermo durch Kriegsgefangene eines normannischen Eroberungszuges gegen Byzanz erweitert; sie stammten aus Athen, Korinth und Theben.

Ein zweites Kleidungsstück der Reichsinsignien mit der Datierung 1181 ist dem Normannenkönig Wilhelm II. gewidmet, der 1171 bis 1189 regierte. Die sogenannnte Alba ist ein bodenlanges Obergewand aus unterfütterter weißer Seide mit Brustbesatz, Oberarmstreifen, Manschetten und Saumbordüre. Der ornamentale Schmuck der Besätze besteht aus Goldstickerei und Perlenschnüren. Zwei gestickte Inschriften, die eine in lateinischer Schrift, die andere in der arabischen Tulut-Zierschrift, bekunden die nach heutiger Terminologie interkulturelle Struktur der Hofwerkstatt. Allerdings sind beide Texte der christlichen „Leitkultur“ angepasst: Die lateinische Inschrift datiert das Gewand auf „das XV. Jahr der Regierung Wilhelms, von Gottes Gnaden König von Sizilien“, die arabische Inschrift auf das Jahr 1181 „der Zeitrechnung unseres Herrn Jesus, des Messias“. Ein muslimisches Versatzstück ist lediglich die Bezeichnung des Papstes, als dessen Stütze Wilhelm tituliert wird, mit dem Terminus „Imam“ (arab. „Vorbild, Vorbeter“). Die offenkundig in der Hofwerkstatt gängige Zweisprachigkeit ist umso bemerkenswerter, als sie dem höfischen Milieu entsprach. Dies änderte sich, als 1189 dem Tod Wilhelms II. Thronstreitigkeiten folgten, die mit antimuslimischen Ausschreitungen und einem arabischen Exodus verbunden waren. 1186, während der Regierung Wilhelms II., heiratete der deutsche König Heinrich VI. aus dem Haus der Hohenstaufen Konstanze, die Tochter Rogers II. 1191 zum Kaiser gekrönt, setzte Heinrich VI. 1194 mit Waffengewalt seinen Anspruch auf das normannische Erbe durch und gliederte Sizilien als Provinz in das Heilige Römische Reich ein. Sein früher Tod 1197 löste Widerstände gegen die Regentschaft seiner Witwe aus, die 1198 ihrem vierjährigen Sohn Friedrich unter der Vormundschaft von Papst Innozenz III. die Königsherrschaft über Sizilien und Süditalien übertrug.

Krönungsmantel der Kaiser und Könige des Heiligen Römischen Reiches, 1133/34; Seidengewebe mit Unterfütterung, Gold- und Seidenstickerei, Gold und Zellenschmelzemail,

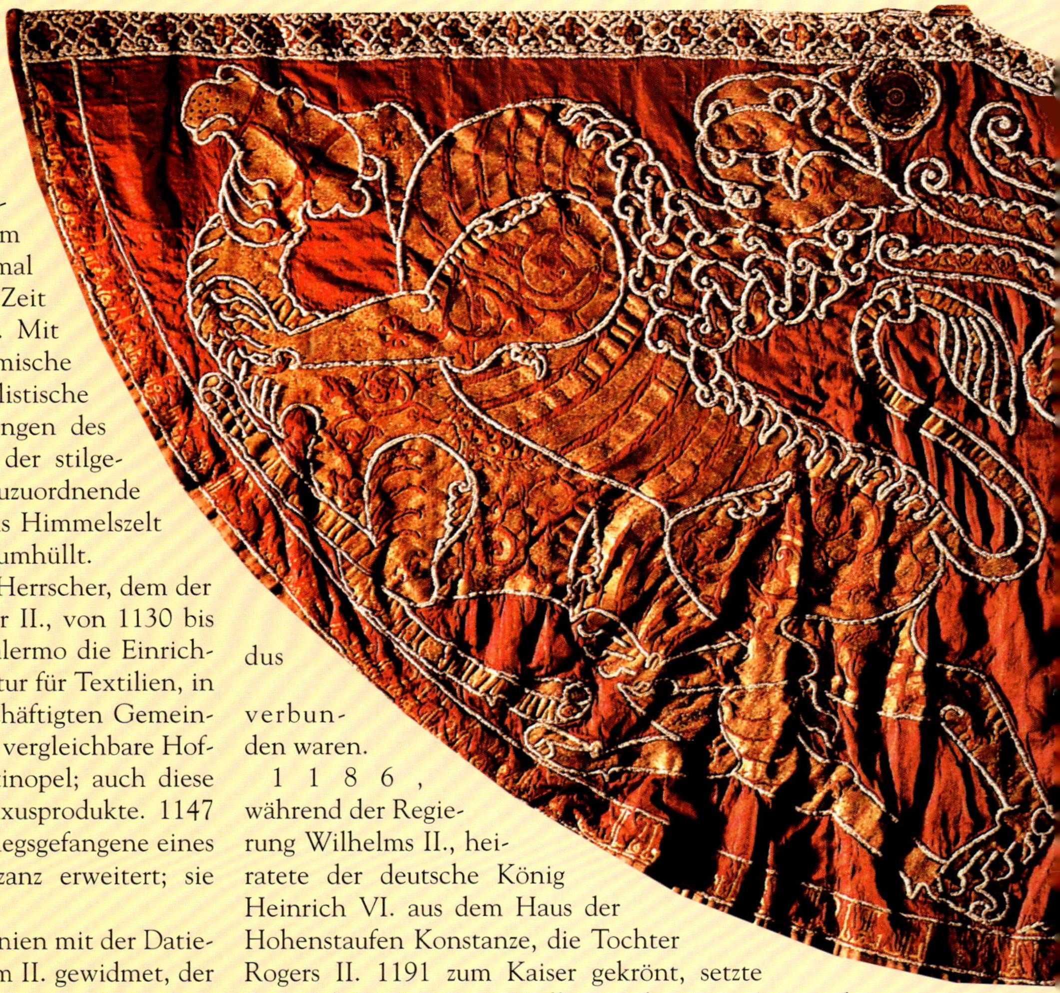

Der Weg Friedrich II. an die Spitze des Heiligen Römischen Reiches führte über die Selbstregierung in Sizilien ab 1208 und die Krönung zum deutschen König in Aachen 1215 zur Kaiserkrönung 1220 in Rom. Dieses Ereignis war zugleich der Anlass für die Erhebung der arabisch-normannischen Gewänder aus der

Hofwerkstatt in Palermo zum kaiserlichen Krönungsornat. Der ursprüngliche Brustbesatz der Alba erhielt wohl seinen heutigen Schmuck; der Löwenmantel wurde allenfalls restauriert. Mit großer Wahrscheinlichkeit fertigte die Hofwerkstatt zur Kaiserkrönung die zeremoniellen Handschuhe Friedrichs II. Die Handrücken sind mit Emailblättchen, Edelsteinen und Perlen benäht sowie mit rankenförmiger Goldstickerei verziert, auf den Handflächen symbolisiert je ein Adler mit Nimbus und ausgebreiteten Flügeln das staufische Kaisertum. Derselbe Adler findet sich auf einer der im Übrigen mit Email in der Technik des Zellenschmelz verzierten Goldplatten auf dem Leinenstoff, der die hölzerne Scheide des in Palermo hergestellten Krönungsschwertes verkleidet.

Die spätere Bezeichnung der Waffe als Zeremonialschwert leitet sich wohl vom Ritterschlag her, den die römisch-deutschen Könige seit dem 15. Jahrhundert nach ihrer Krönung mit dieser

Edelsteine, Perlen und Glas; Breite 345 cm, Höhe 146 cm; Wien, Hofburg, Weltliche Schatzkammer.

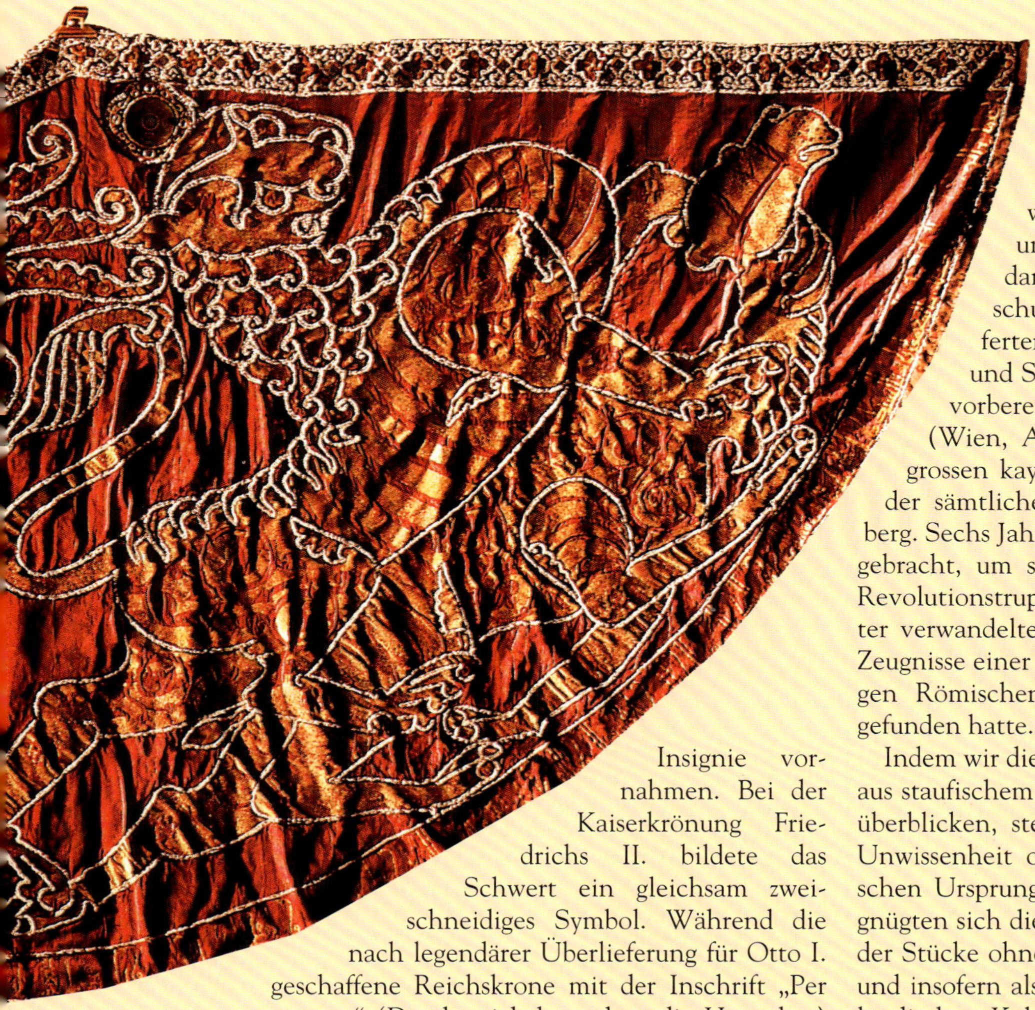

Insignie vornahmen. Bei der Kaiserkrönung Friedrichs II. bildete das Schwert ein gleichsam zweischneidiges Symbol. Während die nach legendärer Überlieferung für Otto I. geschaffene Reichskrone mit der Inschrift „Per me reges regnant" (Durch mich herrschen die Herrscher) über einer Darstellung Christi die theokratische Herrschaft der Ottonen biblisch rechtfertigte, verlieh Papst Honorius III. jenes Schwert an Friedrich II. mit dem Vorbehalt, es stehe dem Papst selbst zu und werde dem Kaiser als Leihgabe übereignet.

Dieser Wandel der theokratischen Einheit aus geistlicher und weltlicher Gewalt im ottonischen Kaisertum führte über die zur Zeit der Salier ausgefochtene Rivalität zum päpstlichen Anspruch einer Unterordnung der weltlichen Gewalt unter die geistliche Herrschaft und mündete um 1300 in den Niedergang sowohl des Kaisertums als auch des Papsttums. Was bedeutete dies für die bislang vom Kaiser aus der Hand des päpstlichen Stellvertreters Christi erhaltenen Insignien? Sie entwickelten sich zu „Heil(ig)tümern" im Besitz der weltlichen Herrscher in einem Reich, das erst in staufischer Zeit seine Bezeichnung von „imperium romanum" zu „sacrum imperium romanum" erweitert und sich zumindest nominell emanzipiert hatte. Das im Mittelalter aus antiken Wurzeln hervorgegangene theokratische, in der frühen Neuzeit unweigerlich säkularisierte abendländische Kaisertum beanspruchte seine eigene religiöse Kompetenz.

Diese Entwicklung fand ihre nachträgliche historische Legitimation durch die Rückführung der Reichsinsignien von der Krone bis zu den Schuhen auf Karl den Großen, der 1165 heilig gesprochen wurde. Während im ältesten erhaltenen Inventar (Übergabe an König Konrad IV. 1246) noch von „keyserlichen zeychen" die Rede ist, spricht ein Jahrhundert später das entsprechende Dokument vom heiligen Besitz Karls des Großen: In der Urkunde der Übergabe der als „heiligtum und cleynot des heiligen reichs" bezeichneten Insignien an König Karl IV. im Jahr 1350 wird unter anderem der Löwenmantel Rogers II. als „eyn roter mantel sent karls mit czweyen lewen geworcht von gutem gesteyne perlen vnd golde" beschrieben. Einer Urkunde aus dem Jahr 1423 zufolge übergab König Sigismund „unser und des heiligen reichs heiligtum" dem Rat der freien Reichsstadt Nürnberg. Sie wurden in der Heilig-Geist-Kirche aufbewahrt und alljährlich der Bevölkerung zur Verehrung dargeboten. Die erste Darstellung der Insignien schuf Albrecht Dürer. Seine durch Kopien überlieferten Bildnisse von den Kaisern Karl dem Großen und Sigismund sind durch Einzelstudien der Insignien vorbereitet, und eine 1510 datierte Zeichnung Dürers (Wien, Albertina) ist beschriftet: „Das ist des heiligen grossen kay(s)er Karels habitum." Eine „wahre Abbildung der sämtlichen Reichskleinodien" erschien 1790 in Nürnberg. Sechs Jahre später wurden sie über Regensburg nach Wien gebracht, um sie dem befürchteten Zugriff der französischen Revolutionstruppen zu entziehen. Wiederum ein Jahrzehnt später verwandelten sich die Reichsinsignien und -kleinodien in Zeugnisse einer Vergangenheit, die mit der Auflösung des Heiligen Römischen Reiches (1806) ihren formellen Abschluss gefunden hatte.

Indem wir die Überlieferung im Zusammenhang der Insignien aus staufischem Besitz und ihre Rückführung auf die Karolinger überblicken, stellt sich die Frage nach den Gründen für die Unwissenheit oder das Verschweigen des arabisch-normannischen Ursprungs der gleichsam „weltlichen" Heiligtümer. Begnügten sich die Menschen des Mittelalters mit der Kostbarkeit der Stücke ohne Ansehen ihrer Herkunft? Galten sie als Beute und insofern als Nachweis des Triumphes der christlich-abendländischen Kultur? Oder musste Karl der Große an die Stelle Friedrichs II. treten, da der Staufer als kosmopolitischer Gesprächspartner jüdischer und arabischer Gelehrter sowie als Vertragspartner des muslimischen Herrn über Jerusalem nicht nur aus der Sicht seiner zeitgenössischen Gegner im Verdacht der Ketzerei stand? Unter diesen Gesichtspunkten erweisen sich der Löwenmantel Rogers II. und die verwandten Reichskleinodien aus Palermo als textile Geschichtsquellen des sizilianischen Pfeilers des Heiligen Römischen Reichs. Zum Wesen dieses Pfeilers gehören die kulturellen Werte der Symbiose und Toleranz, die allerdings bereits unter Friedrich II. machtpolitisch durchkreuzt und verunstaltet wurden.

Palermo
Wie kaum ein anderes Bauwerk der Hauptstadt vermittelt die Klosterkirche San Giovanni degli Eremiti einen sinnfälligen Eindruck von der arabisch-islamischen Prägung eines normannischen Kirchenbaus. Errichtet wurde der heutige Komplex aus Kirche und Kreuzgang durch Roger II., und zwar über einer Moschee, der wiederum eine Kirche und ein antikes Heiligtum vorangingen. Die vorherrschenden Bauformen Kubus und (halbkugelförmige) Kuppel versinnbildlichen in der islamischen Bausymbolik die irdische und die überirdische Welt, der arabische Brunnen im quadratischen Kreuzgang deutet im ursprünglichen Sinne auf das irdische Paradies hin. Den nördlichen Arm des Kreuzgangs mit leicht spitzbogigen Arkaden auf Doppelsäulen aus Marmor überragt der ebenfalls überkuppelte Glockenturm. Palmen und Orangen verstärken die für das frühmittelalterliche Sizilien typische orientalische Atmosphäre.

Palermo
Nach der normannischen Eroberung Palermos im Jahr 1172 ließ Bischof Walter of the Mill im Bereich der ehemaligen Moschee eine Kathedrale errichten. Der südliche Portikus (um 1465, Abb. links oben) verwendet arabische Säulen; das Giebeldreieck rahmt Christus zwischen Maria und dem Verkündigungsengel mit Blendmaßwerk im Stil der katalanischen Gotik. Im südlichen Seitenschiff befinden sich Königs- und Kaisergräber wie der abgebildete Sarkophag des Staufers Friedrich II.

Kuppelmosaik der unter König Roger II. zwischen 1130 und 1140 erbauten Cappella Palatina. Das Zentrum bildet die Halbfigur des Christus Pantokrator mit Kreuznimbus, Segensgestus und dem Buch des Lebens. Die griechische Umschrift zitiert den Propheten Jesaja: „Der Himmel ist mein Thron und die Erde der Schemel meiner Füße" (66, 1). Wie die acht Speichen eines Lebensrades umgeben acht Engel den „Allherrscher" – in der Zahlensymbolik des Mittelalters ist die Acht als universelle Zahl der Vollendung zugleich Symbol der Auferstehung.

Monreale
Südwand des Mittelschiffs der Kathedrale bzw. des Normannendoms (1174–82); nach links schließen sich der Chor und die Hauptapsis an (Abb. S. 59). Die Teilansicht lässt über den Arkaden einen von links nach rechts zu betrachtenden Bilderzyklus goldgrundiger byzantinischer Mosaike mit Themen aus dem Buch Genesis erkennen: Bau der Arche Noah; Einzug der Tiere; Sintflut; die Tiere verlassen die Arche; der erste Regenbogen besiegelt den Bund Gottes mit den Menschen; Trunkenheit Noahs; der Turmbau zu Babel. Vier der Schöpfungsszenen zwischen den Fenstern des Lichtgadens zeigt S. 69.

Die Arkaden des Kreuzgangs (Doppelseite 70/71) besitzen gestelzte Spitzbögen nach islamischer Bautradition auf Doppelsäulen mit polychromer oder als Relief ausgeführter Musterung. Die romanischen Figurenkapitelle bilden ein drittes Gestaltungselement. Unerschöpflich ist der Reichtum symbolischer Details einschließlich der auf den ersten Block ausschließlich ornamentalen Pflanzenmotive.

Monreale
Vier Schöpfungsszenen aus dem Mosaikenzyklus im Mittelschiff des Normannendoms: Die Erschaffung des Lichtes am ersten Tag wird durch die Erschaffung der Engel symbolisiert. Am dritten Tag entstehen die Pflanzen der Erde (rechts zwischen den Bäumen die lateinische Inschrift T[E]R[R]A, darunter im Wasser die Inschrift MARE). Am fünften Tag folgt die Erschaffung der Vögel und Fische (anschließend am sechsten Tag der Tiere, der Erde und des Menschen). Die vierte Abbildung gibt das der Vollendung der Schöpfung gewidmete Mosaik wieder: Gott „ruhte am siebten Tag, nachdem er sein ganzes Werk vollbracht hatte" (Buch Genesis 2, 2). Insgesamt schmücken das Mittelschiff 42 in zwei „Zeilen" angeordnete Szenen aus dem Buch Genesis bis hin zum Kampf Jakobs mit dem Engel.

Bagheria
Seit der Mitte des 17. Jahrhunderts entstand auf der Ebene zu Füßen des Monte Catalfano ein (heute durch moderne Bauten verunstaltetes) Ensemble barocker Landvillen. Am besten erhalten und – nicht zuletzt durch die Schmähungen, mit der gebildete Sizilienreisende des späten 18. Jahrhunderts das Bauwerk sowie dessen Ausstattung bedachten – am berühmtesten ist die Villa des Prinzen von Palagonien. Die heutige Eingangsfront (unten) wird durch eine in zwei Läufe und zwei Absätze geteilte Freitreppe belebt, die zum Vestibül im Obergeschoss führt. Hier täuscht eine gemalte Scheinarchitektur einen Säulengang vor, in dem sich das vielfältige Spiel mit illusionistischen Effekten in den übrigen Räumen vorbereitet. Sein Hauptvergnügen fand der Prinz von Palagonien in der Schaffung einer grotesken Welt aus monströsen Figuren wie dem bärtigen Zwerg mit drei zusätzlichen Augäpfeln auf Stirn und Kopfbedeckung oder dem auf einem Kentauren reitenden Putto.

Càccamo
Im Kastell der Bergstadt (8600 Einwohner) südlich von Tèrmini Imerese verschanzte sich 1160 Matteo Bonello, der Anführer des gescheiterten Aufstands der Barone gegen Wilhelm I. Bereits 1156 hatte der König aufgrund seines Sieges im ersten Aufstand des normannischen Adels den Beinamen „der Böse" erhalten. Eine Modernisierung des Kastells im Chiaramontestil (rechts oben, zum Stilbegriff vgl. S. 50) erfolgte im 14. Jahrhundert, in dem unter aragonesischer Herrschaft die Partikularmacht der Barone die Oberhand gewann, verbunden mit einer Wiederherstellung der Latifundienwirtschaft. Unterhalb der Festung erhebt sich der ursprünglich normannische (Gründung unter Roger I. 1090), im 15. und 17. Jahrhundert umgestaltete Dom San Giorgio.

Tìndari
Nach der Zerstörung von Himera diente das 396 v. Chr. gegründete Tyndaris als Ersatz, um griechische Präsenz an der Nordküste zu gewährleisten. Heute besitzt der im Zuge der arabischen Eroberung Siziliens zerstörte Ort eine Vielzahl anschaulicher Zeugnisse des römischen Städtebaus. So wurde die teilweise wiederhergestellte Basilika als Markt- und Gerichtshalle sowie als Gefängnis genutzt und bildete darüber hinaus einen Verkehrsknotenpunkt: Die Hauptstraße führte durch die Halle; wurde diese benutzt, dienten Nebenstraßen als Umleitung. Durch einen der fünf Rundbogen der Eingangsfront öffnet sich der Blick auf die Wallfahrtskirche der „Schwarzen Madonna von Tìndari".

Cefalù
Apsismosaik (vollendet 1148) des um 1130 von Roger II. gegründeten Domes, ausgeführt von Künstlern aus Konstantinopel. Die traditionell als Kuppelbild konzipierte Halbfigur des Christus Pantokrator (vgl. S. 67) ist auf eine Halbkuppel projiziert. Hieraus entsteht die Annäherung an eine Frontalansicht, die jener der mit zum Gebet erhobenen Händen darunter dargestellten Gottesmutter entspricht.
Die lateinische Umschrift des Pantokrator-Bildes deutet Christus, die Inkarnation Gottes, als Schöpfer, Erlöser und Weltenrichter: „Mensch geworden, ich, der Schöpfer des Menschen und Erlöser des von mir geschaffenen Menschen, urteile ich als Fleischgewordener über das Fleisch und als Gott über die Herzen." Das aufgeschlagene Buch enthält griechisch und lateinisch das Jesuswort „Ich bin das Licht der Welt" (Johannes 8, 12). Im ersten Joch des Kreuzrippengewölbes verkörpern vier (mit jeweils drei Flügelpaaren ausgestattete) Seraphim und Cherubim (seitlich griechische Inschriften) den Engelchor.
Die Erzengel Gabriel, Raphael, Michael und Uriel flankieren die Gottesmutter.

Cefalù
Der 150 Meter hohe Muschelkalkfelsen, gedeutet als Menschenkopf (griech. kephale), ist der Namenspatron des antiken Kephalaidion und heutigen Cefalù, das sich zu seinen Füßen ausbreitet. Überragt werden die Häuser des mittelalterlichen Städtchens (14 000 Einwohner) von den Zwillingstürmen (1131/32) des Normannendoms, den Roger II. um 1130 gründete. 70 Jahre zuvor hatten die Normannen den von Arabern bewohnten Küstenort zerstört. Gedacht als königliche Grablege, nahm der Dom 1145 zwei Sarkophage auf, die für Roger II. und dessen Vater Roger I. bestimmt waren. Da beide Könige jedoch in Palermo beigesetzt wurden, blieben die Särge leer. 1215 ließ der Staufer Friedrich II. die Grabstätten nach Palermo bringen; in den für Roger I. bestimmten Sarkophag ließ er die Gebeine seines Vaters Heinrich VI. umbetten, den zweiten bestimmte er für sich selbst (vgl. Abb. S. 66 unten). Der in drei Arkaden sich öffnende Portikus zwischen den Türmen entstand 1471 im Stil der katalanischen Spätgotik (vgl. S. 66 oben).

Goethe und Sizilien

Palermo (2.–17. April) „Hier ist nicht wie in Rom ein Kunstgeist, welcher die Arbeit regelt; nur von Zufälligkeiten erhält das Bauwerk Gestalt und Dasein."
(5. April)

Monte Pellegrino, Grabkapelle der hl. Rosalie (6. April) „Und vielleicht hat die ganze Christenheit, welche nun achtzehnhundert Jahre ihren Besitz, ihre Pracht, ihre feierlichen Lustbarkeiten auf das Elend ihrer ersten Stifter und eifrigsten Bekenner gründet, keinen heiligen Ort, der auf eine so unschuldige und gefühlvolle Art verziert und verehrt wäre."

Villa Palagonia bei Bagheria (9. April) „Heute den ganzen Tag beschäftigte uns der Unsinn des Prinzen Pallagonia, und auch diese Torheiten waren ganz etwas anders, als wir uns lesend und hörend vorgestellt."

Monreale, Kloster San Martin (10. April) „Die Mönche ließen uns ihre Sammlungen sehen. Von Altertümern und natürlichen Sachen verwahrten sie manches Schöne. Besonders fiel uns auf eine Medaille mit dem Bilde einer jungen Göttin, das Entzückung erregen musste."

Alcamo (18./19. April) „Auf den höheren Bergen findet sich noch immer der Ölbaum, Caruba, Fraxinus. Ihr Feldbau ist auch in drei Jahre geteilt. Bohnen, Getreide und Ruhe, wobei sie sagen: ‚Mist tut mehr Wunder als die Heiligen.'"

Segesta (20. April) „Der Wind sauste in den Säulen wie in einem Walde, und Raubvögel schwebten schreiend über dem Gebälke."

Castelvetrano (21. April) „Und durch diesen bunten Teppich wand man sich reitend hindurch, denen sich kreuzenden unzähligen schmalen Pfaden nachfolgen."

Sciacca (22. April) „Der Weg hierher, mineralogisch uninteressant, geht immerfort über Kieshügel. Man gelangt ans Ufer des Meers, dort ragen mitunter Kalkfelsen hervor."

Girgenti (Agrigent, 23.–27. April) „Der Tempel des Äskulap, von dem schönsten Johannisbrotbaum beschattet und in ein kleines feldwirtschaftliches Haus beinahe eingemauert, bietet ein freundliches Bild."

Caltanisetta (28. April) „Heute können wir denn endlich sagen, dass uns ein anschaulicher Begriff geworden, wie Sizilien den Ehrennamen einer Kornkammer Italiens hatte erlangen können."

Castro Giovanni (Enna, 29. April) „Einige Überreste unseres Reisevorrats wurden verzehrt, die Nacht kläglich zugebracht. Wir taten ein feierliches Gelübde, nie wieder nach einem mythologischen Namen unser Wegziel zu richten."

Unterwegs (30. April) „Molimenti, ein neues Örtchen, sehr klug in der Mitte schöner Felder angelegt, am Flüsschen St. Paolo."

Unterwegs (1. Mai) „Kiep hatte eine recht bedeutende Ferne umrissen, weil aber der Mittel- und Vordergrund gar zu abscheulich war, setzte er, geschmackvoll scherzend, ein Poussinsches Vorderteil daran, welches ihm nichts kostete und das Blatt zu einem ganz hübschen Bildchen machte."

Catania (2.–5. Mai) „Wir fuhren die Straßen hinaufwärts, wo die Lava, welche 1669 einen großen Teil dieser Stadt zerstörte, noch bis auf unsere Tage sichtbar blieb."

Aufstieg zum Ätna-Nebenkrater der Monti Rossi (5. Mai)
„Wir rückten dem roten Berge näher, ich stieg hinauf: er ist ganz aus rotem vulkanischem Grus, Asche und Steinen zusammengehäuft."

Weg nach Taormina über Aci Castello (6. Mai)

Taormina (7. Mai) „Setzt man sich nun dahin, wo ehemals die obersten Zuschauer saßen, so muss man gestehen, dass wohl nie ein Publikum im Theater solche Gegenstände vor sich gehabt."

Unterwegs (8./9. Mai) „Vom Ostwind bestürmt, ritten wir zwischen dem rechter Hand wogenden Meere und den Felswänden hin, an denen wir vorgestern oben herab gesehen hatten, diesen Tag beständig mit dem Wasser im Kampfe; (...)"

Messina (10.–12. Mai) „Dass jene aus Mangel naher Bruchsteine so schlechte Bauart hauptsächlich schuld an dem völligen Ruin der Stadt gewesen, zeigt die Beharrlichkeit solider Gebäude."

Fahrt nach Neapel (13.–17. Mai) „Nun der freie Blick in die Meerenge nord- und südwärts, bei einer ausgedehnten, an beiden Seiten schön beuferten Breite. Als wir dieses nach und nach anstaunten, ließ man uns in ziemlicher Ferne einige Bewegung im Wasser, rechts aber etwas näher einen sich vom Ufer auszeichnenden Felsen bemerken, jene als Charybdis, diesen als Skylla."

Möchten Sie Griechenland kennen lernen, fahren Sie nach Sizilien!
(Touristikwerbung im Internet)

Die Einladung, in Sizilien Griechenland kennenzulernen, besitzt Tradition. Im 18. Jahrhundert lagen den Europäern die Baudenkmale der klassischen griechischen Kunst in Süditalien und auf der Insel in zweierlei Hinsicht näher: sowohl räumlich als auch im Hinblick auf die politische Topographie mit Griechenland unter osmanischer Herrschaft. Zu den Pionieren des Studiums griechischer Kunst im Ursprungsland gehörte der schottische Architekt, Bildhauer, Maler und Archäologe James Stuart. Er hielt sich 1742–50 in Italien, anschließend bis 1755 in Griechenland auf und veröffentlichte 1762 den ersten Band der *Antiquities of Athen*, dem postum bis 1830 drei weitere Bände folgten.

Der Weg von Italien nach Griechenland führte zu den Ursprüngen der antiken Kultur, die Johann Joachim Winckelmann aus den in Rom erforschten Altertümern erschlossen hatte. In Goethes literarischem Schaffen in Weimar verband sich Griechenland mit dem Motiv der Sehnsucht nach der Heimat: „So manches Jahr wohn' ich hier unter euch verborgen, und immer bin ich wie im ersten fremd, denn mein Verlangen steht hinüber nach dem schönen Land der Griechen, und immer mögt ich übers Meer hinüber das Schicksal meiner Vielgeliebten teilen."

Der Satz stammt aus dem Monolog, mit dem Iphigenie in der 1779 in Weimar uraufgeführten ersten Fassung des Schauspiels die Bühne betritt. Das Manuskript der *Iphigenie auf Tauris* gehört zu den Schriftstücken, die Goethe beim Aufbruch von Karlsbad nach Süden am 3. September 1786 im Gepäck mit sich führt. In Rom, wo Goethe am 1. November eintrifft, entsteht die zweite, am 13. Januar 1787 an Herder nach Weimar geschickte Fassung für die im selben Jahr beginnende, bis 1790 auf acht Bände anwachsende Ausgabe der Schriften Goethes, die beim Leipziger Verleger Georg Joachim Göschen erscheinen; die Konditionen hat Goethe noch vor seiner Abreise ausgehandelt, und Herder ist sein Mittelsmann.

Die zweite, „römische" Fassung der *Iphigenie auf Tauris* ist ein Drama in Versen statt in Prosa: „So manches Jahr bewahrt mich hier verborgen / Ein hoher Wille, dem ich mich ergebe; / Doch immer bin ich, wie im ersten, fremd. / Denn ach! mich trennt das Meer von den Geliebten, / Und an dem Ufer steh ich lange Tage, / Das Land der Griechen mit der Seele suchend; / Und gegen meine Seufzer bringt die Welle / Nur dumpfe Töne brausend mir herüber."

Der Übergang von der Prosa zur Verssprache gehört zu den Indizien einer Wandlung Goethes vom Sturm und Drang zur Klassik. Goethe berichtet, dass die Freunde in Rom, „an jene früheren, heftigen, vordringenden Arbeiten gewöhnt", etwas „Berlichingesches erwarteten", als er ihnen sein neues Manuskript vortrug; sie „konnten sich in den ruhigen Gang nicht gleich finden; doch verfehlten die edlen und reinen Stellen nicht ihre Wirkung" (*Italienische Reise*, 10. Januar 1787).

Die Italienreise ist gleichsam die Inkubationszeit dieser Wandlung und gelangt in Sizilien in ein entscheidendes Stadium. Es ist ein dreiwöchiger Aufenthalt (22. April bis 12. Mai) auf der Insel in Begleitung des Malers Christoph Heinrich Kniep, den Goethe in Neapel kennen gelernt hat und als künstlerischen Dienstboten engagiert. „Herr und Diener" durchqueren mit einem einheimischen Führer vom 18. April bis zum 10. Mai die Insel auf Maultieren von Norden nach Süden, dann nach Nordosten. Eine kleine Auswahl der Gesichtspunkte, unter denen Goethe Sizilien erlebt, ist der Karte mit den Stationen der Reise in Form von Zitaten aus dem erstmals 1816/17 erschienenen Reisetagebuch, das in der Ausgabe von 1929 den Titel *Italienische Reise* erhielt.

Goethe, der seine Italienreise inkognito als Maler namens Jean Philippe Möller angetreten hat und seine künstlerische Begabung auch anwendet, wird von Kniep als Gegenleistung für die kostenlose Reise mit einer fortwährenden Dokumentation aller Sehenswürdigkeiten versorgt. Nach einem gemeinsamen Ausflug von Neapel nach Paestum konnte Goethe bereits feststellen: „Von heute an leben und reisen wir zusammen, ohne dass er weiter für etwas sorgen muss als zu zeichnen, wie diese Tage geschehen" (*Italienische Reise*, 23. März 1787).

Neben dieser Vorbereitung einer gewissen Arbeitsteilung auf Sizilien gab die Besichtigung der drei Tempel von Paestum Goethe die erste Gelegenheit, antike Architektur in ihrer originalen, im griechischen Mutterland entwickelten Gestalt kennen zu lernen. Die „stumpfen, kegelförmigen, enggedrängten Säulenmassen" erschienen ihm zunächst „lästig, je furchtbar", und er musste sein Wissen zu Hilfe nehmen. Er erinnerte sich „der Kunstgeschichte, gedachte der Zeit, deren Geist solche Bauart gemäß fand", und vergegenwärtigte sich „den strengen Stil der Plastik".

Die kunst- und kulturgeschichtliche Identifizierung der dorischen Tempel von Paestum, deren jüngster aus der Zeit um 460/450 v. Chr. stammt, gehört zu Goethes Rüstzeug bei der Begegnung mit der griechischen Architektur auf Sizilien. In Segesta trägt er Beweise dafür zusammen, dass der Tempel unvollendet geblieben ist. Erst in Agrigent, dem ehemaligen Akragas mit dem Namen Girgenti, empfindet er eine von der Küsten- und Hügellandschaft gespeiste griechische Aura. Höchste Bewunderung genießt der zeitgleich mit dem Poseidontempel in Paestum um 450 v. Chr. entstandene dorische Tempel mit der irrtümlich von einer Inschrift hergeleiteten Bezeichnung als Tempel der Concordia; „seine schlanke Baukunst nähert ihn schon unserm Maßstabe des Schönen und Gefälligen, er verhält sich zu denen von Paestum wie Göttergestalt zum Riesenbilde" (*Italienische Reise*, 25. April 1787). Am Tag zuvor hat Goethe im Dom der neuzeitlichen Stadt ein Relief kennen gelernt; es soll ihm – „einstweilen" (Goethe ist auf der Suche nach Maßstäben) – „als ein Zeichen der anmutigsten Zeit griechischer Kunst gelten". Es handelt sich um den als Altar wiederverwendeten Hippolytos- oder Phädrasarkophag, der sich heute im Dommuseum von Agrigent befindet. Er wurde zwar erst im 3. Jahrhundert n. Chr. geschaffen, repräsentiert aber ein Wesensmerkmal der attischen Klassik, das Goethe intuitiv mit der Bemerkung erfasst: „Hippolyt mit seinen Jagdgesellen und Pferden wird von der Amme Phädras aufgehalten, die ihm ein Täfelchen zustellen will. Hier war die Hauptabsicht, schöne Jünglinge darzustellen, deswegen auch die Alte, ganz klein und zwergenhaft, als ein Nebenwerk, das nicht stören soll, dazwischen gebildet ist."

Die Erlebnisfülle, die Goethe in Agrigent empfindet, lässt sich mittelbar aus einem Passus erschließen, mit dem der Eintrag vom 26. April beginnt. Kniep ist pflichtgemäß unterwegs auf Motivsuche und Goethe denkt über die subjektiven Voraussetzungen seiner Wahrnehmungen nach. Die Selbstbeobachtung wird durch die Erwähnung der 1771 erschienenen, Johann Joachim Winckelmann gewidmeten *Reise durch Sizilien und Großgriechenland* (d. h. Süditalien) von Johann Hermann von Riedesel eingeleitet. Goethe versteht ihn als „geheimen, stillen, aber nicht stummen Freund", dessen „Büchlein ich wie ein Brevier oder Talisman am Busen trage". Es ist eine Freundschaft und Verehrung, die sich auf Gegensätze gründet: „Sehr gerne habe ich mich immer in solchen Wesen bespiegelt, die das besitzen, was mir abgeht, und so ist es gerade hier: ruhiger Vorsatz, Sicherheit des Zwecks, reinliche, schickliche Mittel, Vorbereitung und Kenntnis, inniges Verhältnis zu einem meisterhaft Belehrenden, zu Winckelmann; dies alles geht mir ab und alles übrige, was daraus entspringt. Und doch kann ich mir nicht fremd sein, dass ich das zu erschleichen, zu erstürmen, zu erlisten suche, was mir während meines Lebens auf dem gewöhnlichen Weg versagt war."

Mag sein, dass diese Bilanz einen Zusatz der um 1814 begonnenen redaktionellen Bearbeitung des Reisetagebuchs bildete, bevor es 1816/17 in zwei Bänden als erster und zweiter Teil der „Zweiten Abteilung" der Autobiografie *Aus meinem Leben* erschienen ist. Das Bild vom Erschleichen, Erstürmen, Erlisten passt jedoch zu der zweifelsfrei authentischen Wahl einer Aufgabe, die sich Goethe als Leitfaden der bevorstehenden Durchquerung der Insel vorgenommen hat. In Palermo erwirbt er eine griechisch-lateinische Ausgabe der *Odyssee* und entwickelt aus dem im VI. Gesang beginnenden Aufenthalt des Odysseus bei den Phäaken den Plan einer Tragödie mit der Königstochter Nausikaa als Titelheldin. Goethe „erlistet" sich ein Sizilien-Erlebnis, das seine auf den Erwerb von Kenntnissen gerichteten Beobachtungen auf einer imaginativen Ebene steigern und mit seiner poetischen Existenz verbinden wird.

Goethe als bildungsbeflissenes und an politisch-praktische Aufgaben herangeführtes Mitglied des Weimarer Hofes mit persönlichen Beziehungen zu Wissenschaftlern interessiert sich für die Geologie und Geographie der Insel, für die Botanik (wobei er sich der Entdeckung der „Urpflanze" ganz nahe glaubt), für Ökonomie (weshalb er auf Syrakus verzichtet und stattdessen den Weg durch das Landesinnere wählt), für Meteorologie und deren Auswirkung auf die wechselnden Erscheinungsbilder der Landschaft, für die politischen Verhältnisse, Kunst- und Kulturgeschichte (ausgenommen das byzantinisch-arabisch-normannisch geprägte Frühmittelalter), religiöses Brauchtum und die volkstümliche Ernährungsweise. Er hat Augen für hübsche Mädchengesichter und Sinn für groteske Situationen und Verhaltensweisen etwa des martialischen Gouverneurs in Messina. Das alles sind Notizen oder Schilderungen, die mehrfach auf den Zweck als Gedächtnisstützen eingeschränkt werden und teilweise bereits während der Reise einer Revision unterliegen. Die zunächst mit großer Anteilnahme studierten Überreste der Griechen auf Sizilien verlieren den höchsten Rang: In einem Brief an Herder vom 17. Mai 1787, der den Bericht über die Rückreise von Neapel nach Rom einleitet, erwähnt Goethe den erneuten Besuch in Paestum und vertritt nun die Meinung, der dem Poseidon geweihte „mittlere Tempel" sei „allem vorzuziehen, was man noch in Sizilien sieht".

In demselben Brief zieht Goethe ein Resümee, das sich auf jenen in Palermo gefassten *Nausikaa*-Plan bezieht, genauer: auf die erneute Homer-Lektüre, die doch allem Anschein nach nichts mit dem „griechischen" Sizilien, mit Segesta oder Girgenti zu tun hat: „Was den Homer betrifft, ist mir wie eine Decke von den Augen gefallen. Die Beschreibungen, die Gleichnisse etc. kommen uns poetisch vor und sind doch unsäglich natürlich, aber freilich mit einer Reinheit und Innigkeit gezeichnet, vor der man erschrickt." Goethe abstrahiert seine neue Sicht durch poetologische Maximen: Dichter wie Homer „stellten die Existenz dar, wir gewöhnlich den Effekt; sie schilderten das Fürchterliche, wir schildern fürchterlich; sie das Angenehme, wir angenehm usw. Daher kommt alles Übertriebene, alles Manierierte, alle falsche Grazie, aller Schwulst. (…) Wenn, was ich sage, nicht neu ist, so habe ich es doch bei neuem Anlass recht lebhaft gefühlt."

Dieser „neue Anlass" ist Sizilien, dessen „griechischer", vor allem in poetischer Hinsicht „ursprünglicher" Charakter unter anderem den archäologischen Sinn erschließt. Doch höher wertet Goethe inmitten seiner Wandlung zur Klassik das Erlebnis eines zugleich natürlichen und kultivierten, vielgestaltigen und harmonischen Landschaftsraumes als sinnlich gespeiste Vorstellung: „Nun ich alle diese Küsten und Vorgebirge, Golfe und Buchten, Inseln und Erdzungen, Felsen und Sandstreifen, buschige Hügel, sanfte Weiden, fruchtbare Felder, geschmückte Gärten, gepflegte Bäume, hängende Reben, Wolkenberge und immer heitere Ebenen, Klippen und Bänke und das alles umgebende Meer mit so vielen Abwechslungen und Mannigfaltigkeiten im Geiste gegenwärtig habe, nun ist mir erst die Odyssee ein lebendiges Wort."

In Neapel verfertigt Goethe die Reinschrift der ersten beiden Szenen der *Nausikaa* mit dem Auftritt der Ball spielenden Mädchen, dann des gestrandeten Odysseus. „Der Hauptsinn war der: In der Nausikaa eine treffliche, von vielen umworbene Jungfrau darzustellen, die, sich keiner Neigung bewusst, alle Freier bisher ablehnend behandelt, durch einen seltsamen Fremdling aber gerührt, aus ihrem Zustand heraustritt und durch eine voreilige Äußerung ihrer Neigung sich kompromittiert, was die Situation vollkommen tragisch macht", notierte Goethe am 7. Mai „Unter Taormina, am Meer" und fuhr fort: „Es war in dieser Komposition nichts, was ich nicht aus eigenen Erfahrungen nach der Natur hätte ausmalen können." Solche „eigenen Erfahrungen" sind der Trennungsschmerz; wäre die Tragödie zur Ausführung gelangt, hätte sich Nausikaa nach der Abreise des Odysseus das Leben genommen. Die „eignen Erfahrungen nach der Natur" aber sind das mediterrane Erlebnis der sizilianischen Landschaft, das sich in den bereits in Sizilien entstandenen *Nausikaa*-Versen widerspiegelt, am meisten vielleicht in den Sprachbildern: „Ein weißer Glanz ruht über Land und Meer, / Und duftend schwebt der Äther ohne Wolken".

Doch „im Geiste gegenwärtig" bleibt Goethe auch das Erlebnis griechischer Formbildung in der Baukunst, das beim ersten Besuch in Paestum noch kunsthistorisch distanziert geblieben war, sich in Segesta und Grigenti mit landschaftlichen Eindrücken verbunden und bei der Wiederbegegnung mit den Tempeln von Paestum zum bleibenden Gewinn gesteigert hat. In jenem Brief aus Neapel an Herder spricht Goethe von der „letzten, fast möchte ich sagen, herrlichsten Idee, die ich nun nordwärts vollständig mitnehme". Es gehört zu den Vermutungen über die Fernwirkung dieser „Idee" in Goethes Spätwerk, dass sie in der „Klassischen Walpurgisnacht" des zweiten Teils des *Faust* in den Versen aufgehoben ist: „Der Säulenschaft, auch die Triglyphe klingt, / Ich glaube gar, der ganze Tempel singt".

Johann Heinrich Füssli, *Odysseus zwischen Skylla und Charybdis*, um 1794–96; Öl auf Leinwand, 126 x 101 cm; Aarau, Aargauer Kunsthaus

Johann Heinrich Füsslis Gemälde *Odysseus zwischen Skylla und Charybdis* steht allem Anschein nach in denkbar großem Kontrast zu Goethes italienisch-sizilianischer Wandlung zur Klassik. Während seiner „Sturm und Drang"-Periode war Goethe durch Berichte und Werkbeispiele mit Füssli vertraut; 1775 äußerte er in einem Brief an Herder: „Was für eine Glut und Ingrimm in dem Menschen ist!" 1741 in Zürich als Sohn einer Künstlerfamilie geboren und zunächst als Prediger tätig, bildete sich Füssli 1770–78 in Italien (Florenz, Rom, Neapel) als Maler aus, dessen Entwicklung Goethe auch über die Grenze der zunächst spürbaren Gemeinsamkeit hinaus verfolgte. In den Vorarbeiten zu einem nicht ausgeführten Aufsatz über Füssli aus dem Jahr 1797 notiert Goethe: „Die Sujets, die er wählt, sind sämtlich abenteuerlich und entweder tragisch oder humoristisch. (...) Die sinnliche Darstellung braucht er in beiden Fällen nur als Vehikel." Auf Füsslis Karriere in London ab 1779 anspielend, die mit Beiträgen zu einer „Shakespeare-Galerie" begann, notiert Goethe: „Wirkung Shakespeares, des Jahrhunderts. Englands. Miltonische Galerie."
Dieser Zyklus von Gemälden zu John Miltons Epos *Paradise Lost* (1667) entstand ab 1793 und wurde 1797 in der Kunsthandlung Christie's der Öffentlichkeit vorgestellt. Die Szene aus der *Odyssee* bezieht sich in diesem Zusammenhang auf Miltons Vergleich Satans, der nach seinem Besuch bei Chaos unversehrt durch die widerstreitenden Elemente zur Erde fliegt, mit Odysseus zwischen Skylla und Charybdis. Füssli lässt den homerischen Helden in der Haltung des *Borghesischen Fechters* aus der Antikensammlung der Villa Borghese in Rom (heute im Louvre) mit erhobenem Schild gegen Skylla ankämpfen. Diese ist als Felsspalte wiedergegeben, aus der drei ihrer sechs Häupter ragen und die von den Ruderbänken gerissenen Gefährten des Odysseus verschlingen. Die rechte untere Bildecke gibt die Senkung der Fluten an, sobald Charybdis das Wasser einsaugt.
„Manier in allem, besonders der Anatomie, dadurch auch der Stellungen", notiert Goethe in jener Vorarbeit, vielleicht bereits in Kenntnis der als Stiche publizierten Milton-Gemälde. Zugute hält er Füssli ein „malerisch-poetisches Genie", was an seine Bemerkung bei der Durchquerung der Straße von Messina mit den Felsen Skylla und Charybdis erinnert: „Man hat sich bei Gelegenheit beider in der Natur so weit auseinander stehenden, von dem Dichter so nah zusammengerückten Denkwürdigkeiten über die Fabelei der Poeten beschwert und nicht bedacht, dass die Einbildungskraft aller Menschen durchaus Gegenstände, wenn sie sich solche bedeutend vorstellen will, höher als breit imaginiert und dadurch dem Bilde mehr Charakter, Ernst und Würde verschafft. Tausendmal habe ich klagen hören, dass ein durch Erzählung gekannter Gegenstand in der Gegenwart nicht mehr befriedigt; die Ursache ist immer dieselbe: Einbildung und Gegenwart verhalten sich wie Poesie und Prosa, jene wird die Gegenstände mächtig und steil denken, diese sich immer in die Fläche verbreiten" (*Italienische Reise*, Messina und auf der See, 13. Mai 1787).

4 Wege durch die Insel

Als „Herz“ oder als den „Nabel“ Siziliens betrachtete das Altertum ein Felsplateau im geographischen Zentrum. Hier lag das antike Henna, römische Castrum Hennae und arabische Quars Yannah, das nach der normannischen Eroberung im Jahr 1087 den Namen Castro Giovanni trug; seit 1927 heißt die Bergstadt Enna. Hinter diesem Wechsel der Namen verbirgt sich ein jahrhundertelanges Ringen um die im Zentrum verankerte Herrschaft über die Insel. Hier liegt der Schauplatz des ersten Sklavenaufstands im Römischen Reich, ja der Weltgeschichte überhaupt. Und hier ist auch der Ursprung jener einst sozialrevolutionären Geheimgesellschaft zu suchen, deren Name sich vom sizilianischen Wort für Prahlerei *(mafia)* herleitet, dem wiederum das arabische Wort für Ruhmredigkeit *(mahjas)* zugrunde liegt.

Rings um das Zentrum der Insel gruppiert sich in der Hügellandschaft ein Kranz von Bergstädten. Bei Bronte erinnert die normannische Abtei Santa Maria di Maniace (mit einer byzantinischen Marienikone) an die siegreiche Schlacht des oströmischen Generals Maniakes gegen die Sarazenen (1040), bei Piazza Armerina liegt das Ausgrabungsgelände der römischen Villa del Casale, die byzantinische Gründung Nicosìa besitzt eine Normannenburg und einen Dom, dessen Turm aus der Zeit der aragonesischen Herrschaft stammt. Zu den hervorragenden Barockbauten im Landesinneren gehören die Dome von Caltanissetta (Schauplatz einer berühmten Gründonnerstag-Prozession) und von Caltagirone, einem Keramikzentrum Siziliens mit dem nach Faenza größten Museum, das in Italien diesem Kunsthandwerk gewidmet ist.

Die Luftlinie von Enna nach Nordosten überquert das Gebiet des Ätna. Als Blickpunkt der mediterranen Küstenlandschaften und Stadtansichten von Messina, Catania oder Taormina gehört

Medaillon aus dem Fußbodenmosaik im Cubiculum (Schlafkammer) der römischen Villa del Casale bei Piazza Armerina. Die Huldigung an sinnliche Genüsse stammt aus der ersten Hälfte des 4. Jahrhunderts n. Chr.

der schneebedeckte Feuerberg mit vier Hauptkratern zu den Wahrzeichen der Insel. Er beherrscht ebenso das Bergland der Nebroden. Sein Name leitet sich vom Wort *aid-na* (die Brennende) her; es stammt aus dem Sanskrit und gibt die indogermanische Herkunft der Ureinwohner Siziliens zu erkennen. Ein zweiter Name spiegelt die antike und die frühmittelalterliche Kulturschicht der Insel wider: Aus dem arabischen *dschebel* und dem lateinischen *mons* (beides bedeutet „Berg“) entstand „Mongibello“.

Als Werkstatt des göttlichen Schmiedes Hephaistos, der auf die Seitensprünge seiner Ehefrau Aphrodite mit wütendem Schüren des Feuers reagiert, ist der Ätna ein heißer Schauplatz der Göttersagen. *l'Etna – Mythos und Wirklichkeit* nannte der Maler Gerhard Hœhme ein 1984 abgeschlossenes Projekt; zu den vierzehn, durch fotografische Studien ergänzten Gemälden im Saarlandmuseum in Saarbrücken gehört der *Tod des Empedokles* – ein Thema, das über Hölderlins Dramenfragmente zurückreicht bis zur Lebenslegende des Naturphilosophen, Arztes und Dichters aus Akragas (Agrigent), der sich in den feurigen Krater gestürzt haben soll.

Die vulkanischen Aschen begünstigen eine reiche Vegetation. Bis zu etwa 800 Metern reicht die regione coltivata mit Obstanbau, Oliven- und Feigenbäumen sowie dem berühmten Ätnawein. Bis zur Baumgrenze bei 1600 Metern breitet sich Laubmischwald aus mit Edelkastanien, Ahorn, Eichen und Birken; ein Merkmal dieser regione boscata ist auch der Ätnaginster. Darüber beginnt die regione desestra mit Sträuchern wie der Ätnaberberitze, bis sich die Vegetation auf Flechten als Pionierpflanzen beschränkt.

Nordöstlich von Enna, dem geographischen Mittelpunkt der Insel, liegt Leonforte, eine Gründung des 17. Jahrhunderts. Aus dieser Zeit stammt die am Ortsrand gelegene, für Mensch und Tier bestimmte und auch als Waschplatz genutzte Brunnenanlage Granfontana. Die Arkaden tragen einen Steinbalken (Architrav) mit Schatten spendenden Aufbauten; die seitlichen sind mit Segmentgiebeln bekrönt, der mittlere mit einem barocken „gesprengten“ Giebel. Vorherrschend ist jedoch das weit in die Vergangenheit zurückreichende Alter der Besiedlung rings um Enna. 800 Meter über dem Sasotal liegt beispielsweise Agira, eine Gründung der Sikuler mit griechischer (Asyrion) und arabischer Geschichte; aus normannischer Zeit stammen die Überreste eines Kastells.

Demeter und Persephone. Die Fruchtbarkeit des zentralen Berglandes fand ihren Spiegel im Mythos von Demeter/Ceres und deren Tochter Persephone/Proserpina, die von Hades/Pluto in die Unterwelt entführt wurde, um schließlich acht Monate mit ihrer Mutter auf dem Olymp zu verbringen, die restliche Zeit jedoch als Gattin des Hades in dessen unterirdischem Reich.

Schauplatz des Frauenraubes ist der (heute vom Austrocknen bedrohte) Lago di Pergusa, den Demeter am Fuß des Felsens von Henna (heute Enna) angelegt hat: „Ein tiefflutender See ist Hennas Mauern benachbart, / Pergus mit Namen genannt. Nicht häufiger höret Kaystros / Schwanengesäng', als dieser, in sanft hingleitenden Wassern. / Ringsher kränzen die Flut Umwaldungen, welche beständig, / Wie mit laubigem Teppich, die Glut abwehren des Phöbus. / Kühlung streut das Gezweig', und die Au' hellschimmernde Blumen. / Frühling ist ewig im Hain. Als hier Proserpina weiland / Spielete, sanfte Violen und silberne Lilien brechend; / Als sie mit kindlicher Lust sich die Körb' und den Schoß des Gewandes / Anfüllt', und zu besiegen die Freundinnen eifert' im Sammeln, / Wurde zugleich sie gesehn und geliebt und geraubet von Pluto" (Ovid, *Metamorphosen* V, 385–395).

Den archäologischen Beleg für den hier lokalisierten Mythos bieten die Spuren eines Ceres-Heiligtums auf einem Vorsprung des Felsplateaus von Enna, dessen Besiedlung bis in prähistorische Zeit zurückreicht. Von drei vor dem Tempel aufgestellten Statuen – Ceres, Proserpina und Triptolemus – berichtet Cicero; sie gehörten zu den Kunstschätzen, die sich Verres angeeignet hat. Den Kampf, den Cicero als Quästor gegen die Ausplünderung Siziliens durch den Statthalter führte, resümiert die Anklageschrift *In Verrem* (Gegen Verres) aus dem Jahr 70 v. Chr.

Der „Belvedere Siziliens". Im geographischen Mittelpunkt der Insel erhebt sich ein Felsplateau mit 1000 Metern Höhe ü. d. M., das seine Umgebung um 300 Meter überragt. Von hier aus schweift der Blick über die im Sommer ringsum wogenden Weizenfelder, über die nach Osten, Süden und Westen gerichteten Flusstäler und erreicht bei klarer Sicht (meist an kalten Wintertagen) im Nordosten den Gipfel des Ätna, im Norden die Lìparischen Inseln.

Die exponierte und zentrale Lage gehört zu den Vorzügen der heutigen Stadt Enna, die aus denselben Gründen auf eine für die Geschichte Siziliens exemplarische Entwicklung zurückblickt. Der bereits genannten prähistorischen Besiedlung folgte eine Ansiedlung der Sikaner, die trotz enger Handelsbeziehungen mit den griechischen Städten ihre Selbstständigkeit bewahrte; erst im Jahr 397 v. Chr. eroberte Dionysios I. von Syrakus die Feste und gliederte sie in sein sizilianisches Imperium ein. Das Bündnis mit Karthago im Ersten Punischen Krieg (264–241 v. Chr.) endete – durch Verrat – mit der römischen Einnahme. Unter dem Namen Castrum Hennae wurde Henna als Civitas decuma (zehntpflichtige Stadt) in die nach Kriegsende geschaffene Provinz Sicilia eingegliedert. 214 v. Chr. bestraften die Römer den Versuch, erneut mit Karthago zu paktieren, mit unerbittlicher Härte: 20 000 Einwohner sollen gekreuzigt worden sein.

135 v. Chr. bildete Castrum Hennae das Zentrum des ersten Sklavenaufstands: Unter Führung des Syrers Eunos, der sich zum König Antiochos wählen ließ, behielten die Aufständischen aus den umliegenden Latifundien die Stadt in ihrer Gewalt. Erst 132 v. Chr. wurden sie durch Verrat überwältigt. Heute erinnert ein Denkmal vor dem Kastell auf der höchsten Erhebung der Stadt an den Rebellen Eunos.

Das Castello di Lombardia in Enna des Staufers Friedrichs II. ließ Friedrich II. von Aragón zu seinem Königssitz ausbauen: Zwanzig Türme steigerten den Rang der Festung; nur sechs davon sind erhalten geblieben, darunter die abgebildete Torre Pisana. Ein unterirdischer Gang führt zum einen Kilometer entfernten achteckigen Wohnturm Friedrichs II. von Aragón im gegenüberliegenden westlichen Teil der Bergstadt.

Verrat war auch im Spiel, als 859 n. Chr. die Muslime die byzantinische Feste einnahmen: Ein christlicher Gefangener führte nachts einen Spähtrupp durch eine für die Wasserleitung freigelassene Maueröffnung; durch die geöffneten Tore drang Ibn Fazarah mit seinen auf der Lauer liegenden Truppen ein. Die Besatzung wurde getötet, die Bevölkerung gegen Lösegeld freigelassen oder in die Sklaverei verkauft.

Mehr als zwei Jahrhunderte blieb Enna als Quars Yannah in muslimischer Hand und widerstand auch lange Zeit den Normannen. Erst 1087 – zwanzig Jahre nach Beginn der normannischen Eroberung Siziliens – wurde die Stadt das Opfer einer Kriegslist: Roger I. brachte den Befehlshaber Ibn Hamud als Geisel in seine Gewalt und zwang die Besatzung zur Übergabe.

Aus normannisch-staufischer Zeit stammt das Castello di Lombardia, das nach dem Zusammenbruch des Stauferreichs der sizilianische König Friedrich II. von Aragón zu einem mit zwanzig Türmen ausgestatteten Königssitz ausbauen ließ. Von ihm stammt auch der dreigeschossige Wohnturm Torre de Federigo II. am gegenüberliegenden Ende der Stadt; hier wurde seit der Antike der „Nabel Siziliens“ lokalisiert. Solchem Traditionsbewusstsein entsprach es, dass Friedrich III. von Aragón im Jahr 1324 in der Bergstadt (sie hieß seit der normannischen Eroberung und bis 1927 Castro Giovanni) das Parlament der mächtigen sizilianischen Feudalbarone versammelte.

Der Dom von Enna ist eine Gründung Eleonoras, der Gattin Friedrichs II. von Aragón, aus dem Jahr 1307; eine barocke Turmfassade schloss im 18. Jahrhundert eine Reihe von Umbauten ab.

Die Latifundien. Jene Versammlung der Feudalbarone in Castro Giovanni (Enna) gehört einer Epoche der sizilianischen Geschichte an, in der sich die wirtschaftlichen und sozialen Verhältnisse der römischen Zeit erneuerten und verfestigten. Der Unterschied bestand im Wesentlichen darin, dass an die Stelle der unzähligen Sklaven, die einst zur Bewirtschaftung der ausgedehnten Ländereien in Privatbesitz eingesetzt wurden, nun die Landarbeiter traten.

Eine Ahnung vom Reichtum, den die adligen römischen Großgrundbesitzer anzuhäufen vermochten, gewährt die seit 1929 systematisch ausgegrabene Villa del Casale südlich der Bergstadt Piazza Armerina. Im Unterschied zu den meist auf Anhöhen mit reizvoller Fernsicht, notfalls auf künstlichem Terrain ausgebreiteten Landhäusern der römischen Oberschicht ist diese Anlage den natürlichen Gegebenheiten eines Tales am Fuße des Monte Mangone angepasst. Errichtet um 300 n. Chr., überstand die Villa die Beutezüge der Vandalen und Goten, wurde von Byzantinern, Arabern, Normannen erneut genutzt und erhielt wohl im 12. Jahrhundert den Schutz einer hohen Schlammschicht. Freigelegt und unter einer Überdachung aus Plexiglas zu besichtigen sind 29 Räume und Raumgruppen, die sich in unregelmäßiger Anordnung um einen von Säulen umgebenen Innenhof (Peristyl) mit Wasserbecken gruppieren. Die (wohl irrtümliche) Annahme, es habe sich um kaiserlichen Besitz gehandelt, wurde durch Umfang und Qualität der Fußbodenmosaiken angeregt. Vorherrschend sind figurenreiche Jagdszenen in mythologischer Einkleidung (Abb. S. 97). Daneben bezaubern Gruppen wie die ballspielenden „Bikini-Mädchen“ (Abb. S. 96) und Liebespaare (Abb. S. 82).

Bis zur Gründung des Entwicklungsfonds der Cassa per il Mezzogiorno (1950) und der gleichzeitigen Landreform durch teilweise Enteignung des Großgrundbesitzes zugunsten von Kleinbauern herrschte in Sizilien die Latifundien-Wirtschaft vor, gegründet auf feudalistische Strukturen. Der soziale Sprengstoff entzündete sich im blutig niedergeschlagenen Aufstand (1893–95) der Landarbeiter im Bund mit den Bergarbeitern der Kali-, Mangan- und Schwefelgruben bei Caltanisetta: 1,5 Millionen Sizilianer emigrierten in den folgenden Jahren in die USA, nach Südamerika, Nordafrika und Australien.

Unerschöpflicher Feuerstoff. Die Geschichte des Ätna beginnt vor rund 600 000 Jahren. Längst hatte sich die aus Kalksteinschichten aufgebaute Insel über die Meeresfläche erhoben, da bildete sich am Grund eines Golfes im Nordosten – etwa zwischen Catania und Taormina – ein Vulkan, der schließlich eine Höhe von 4000 Metern erreichte. Ein Einsturz der Kraterwände ließ den Vulkan auf die Hälfte schrumpfen, doch die unverminderte Eruptionskraft ließ jenen Kegel entstehen, den Plinius der Ältere (der Gelehrte wurde im Jahr 79 n. Chr. ein Opfer des Vesuvausbruchs) unter der Überschrift „Welche Orte stets brennen“ folgendermaßen beschrieben hat:

„Aber auch die Berge zeigen wunderbare Erscheinungen. Der Ätna brennt immer des Nachts, und sein Feuerstoff reicht nach so unendlicher Zeit noch aus. Im Winter ist er mit Schnee bedeckt, und seine ausgeworfene Asche überzieht sich mit Reif“ (*Naturalis historia* II, 110).

Seinen Rang als höchster Vulkan in Europa verdankt der Ätna dem kontinuierlichen Wachstum der vergangenen 2000 Jahre, mit durchschnittlich zehn bis zwanzig größeren Ausbrüchen je Jahrhundert. Die bislang verheerendsten Folgen löste der Ausbruch im Jahr 1669 aus, als die Lavaströme Catania erreichten und das Hafenbecken füllten. Bei diesem Ausbruch entstand der Nebenkrater, die Monti Rossi bei Nicolosi, mit dessen Besteigung sich Goethe begnügen musste, da hoher Schnee den Weg zum Hauptkrater gefährdete. Auch die Ersatztour barg ihre Risiken: Im stürmischen Morgenwind musste der Wanderer, wollte er „nur einigermaßen fortkommen, […] den Mantel ablegen, nun aber war der Hut jeden Augenblick in Gefahr, in den Krater getrieben zu werden und ich hinterdrein. Deshalb setzte ich mich nieder, um mich zu fassen und die Gegend zu überschauen; aber auch diese Lage half mir nichts: der Sturm kam gerade von Osten her, über das herrliche Land, das nah und fern bis ans Meer unter mir lag“ (7. Mai 1787).

Seine heutige Gestalt erhielt der Ätna erst in unserem Jahrhundert: 1911 bildete sich der Nordostkrater, 1964 eine weitere Öffnung im Hauptkrater und 1979 der Südostkrater.

Ein Feuer speiendes Ungeheuer. Die antike Mythologie verbindet den Ätna mit dem Kampf zwischen Zeus/Jupiter und jener „Ausgeburt der Hölle“ namens Typhoeus bzw. Typhon. Der mit hundert Feuer speienden Schlangenköpfen ausgestattete Sohn der Erdgöttin Gaia und des Tartaros vertrieb die Götter vom Olymp. Nur der Göttervater hielt stand und begrub Typhon zuletzt unter der Insel Sizilien: „Ätna belastet das Haupt, wo, dem Grund' anlehnend den Rücken, / Sand ausspeiet und Glut aus entsetzlichem Rachen Typhoeus. / Oftmals ringt er, mit Macht hinwegarbeitend die Erdlast, / Dass er die türmenden Städt' und Gebirg' abwälze vom Leibe. / Davon erbebet das Land; und es zagt der König der Geister, / Dass ihm zerspalte der Boden in weit aufgähnender Öffnung, / Und eindringender Tag die zitternden Schatten erschrecke“ (Ovid, *Metamorphosen* V, Verse 352–358).

Jan Breughel d. Ä.; *Schmiede des Vulkan*, 1606, Öl auf Kupfer, 10,7 x 10,7 cm, Privatsammlung

Die Waffenschmiede. Als Schmiede des Hephaistos/Vulcanus konkurriert der Ätna mit der Insel Lemnos. Größer ist die Übereinstimmung der antiken Autoren darüber, dass die drei titanischen Kyklopen Brontes, Steropes und Pyrakmon in einer Höhle des Ätna als Untergebene des Hephaistos ihrem Handwerk nachgehen; ihre wichtigste Aufgabe ist die Versorgung des Zeus/Jupiter mit Blitzen. Diese Arbeit müssen sie unterbrechen, nachdem Aphrodite den Ehemann Hephaistos dazu überredet hat, ihren von dem Trojaner Anchises gezeugten Sohn Aeneas mit Waffen auszustatten: „‚Fort jetzt', rief er, ‚beiseite mit all den begonnenen Werken, / Ihr Kyklopen vom Ätna, und achtet nun, was ich euch sage: / Waffen bedarf ein Held. Jetzt gilt es, die Kräfte zu brauchen, / Jetzt die Hände zu rühren, jetzt alle Künste zu meistern! / Ohne Verzug ans Werk!' Er sprach nichts weiter, und jene / Machten sich nun sofort an die Arbeit und teilten sie alle / Untereinander, es strömt das Erz und die goldene Masse, / Und der verwundende Stahl zerrinnt im geräumigen Ofen" (*Aeneis* VIII, Verse 439–446).

Die drei Geschäftigen und Kunstbegabten sind Verwandte jener gewaltig-gewalttätigen Burschen, denen riesige Felsbrocken als Waffen dienen. Als Söhne des Meeresgottes und „Erderschütterers" Poseidon/Neptunus versinnbildlichen die Kyklopen, deren feuerrotes Auge auf der Stirn an Krater erinnert, den ursächlichen Zusammenhang zwischen den durch Bewegungen der Erdkruste ausgelösten Erdbeben und dem Ausbruch von Vulkanen – Einsichten, die Homers *Odyssee* in mythologischem Gewand enthält.

Am Kraterrand. „Bald darauf stürzt sich Empedokles in den lodernden Aetna. Sein Liebling, der unruhig und bekümmert in dieser Gegend umherirrt, findet bald darauf die eisernen Schuhe des Meisters, die der Feuerauswurf aus dem Abgrund geschleudert hatte, erkennt sie, zeigt sie der Familie des Empedokles, seinen Anhängern im Volk, und versammelt sich mit diesem an dem Vulkan, um Leid zu tragen und den Tod des großen Mannes zu feiern" (Hölderlin im „Frankfurter Plan", 1797, zum Trauerspiel *Der Tod des Empedokles*).

Sensationelle Naturphänomene wie der höchste Vulkan Europas dienten um 1900 in Form von Sammelbildern der Verkaufsförderung von „Liebig Company's Fleisch-Extrakt": Der Kauf einer Dose des nach einem Verfahren des Chemikers Justus Liebig hergestellten Auszugs aus frischem Fleisch (100 kg ergeben 4 kg Extrakt) als Würzmittel für Suppen und Soßen wurde mit einer der in Serien gegliederten Karten belohnt.

Schon früh umrankten Legenden das Leben des Naturphilosophen, Arztes und Dichters Empedokles (483/82–430/20 v. Chr.), der maßgeblich am Sturz des oligarchischen Regimes in seiner Heimatstadt Akragas (Agrigent) beteiligt war. In drei jeweils fragmentarischen Fassungen seines Dramas entwickelte Hölderlin das Motiv des Opfertodes von der Sühne persönlicher Hybris zur Verheißung: Empedokles ist auserwählt, die Überwindung der monarchischen Schranken zwischen Mensch und Natur (dem Maß aller Dinge) zu verheißen. Insofern steht *Der Tod des Empedokles* mit seinem Schauplatz Ätna in unmittelbarem Zusammenhang mit den revolutionären Erwartungen Hölderlins, der im Brief vom 24. Dezember 1798 seinem Freund Sinclair bekannte: „Es ist auch gut, und sogar die erste Bedingung alles Lebens und aller Organisation, dass keine monarchische Kraft ist im Himmel und auf Erden."

Der Kraterrand des Ätna gewinnt in einem fast zeitgleichen Werk der deutschen Literatur eine insofern vergleichbare Bedeutung, als auch hier das Motiv des Opfertodes anklingt. In Achim von Arnims *Gräfin Dolores* (1810) begleitet Graf Karl eine liebeshungrige Fürstin auf den Vulkan und kann im letzten Augenblick verhindern, dass sie „unten bei den erschlagenen Himmelsstürmern Ruhe" sucht. Diese „Sterbelust" erweist sich als „Anwandlung" und Vorspiel zu dem Versuch, Graf Karl zum Ehebruch zu verführen – was durch die Verwechslung der Zimmer im Nachtquartier verhindert wird. Statt des Grafen fällt ein Schreiber der Fürstin zum Opfer. Die Ätna-Episode gehört zu den zahllosen Varianten, in denen Achim von Arnim den Zustand der Gesellschaft im Spiegel ihrer Auffassung der Ehe diagnostiziert.

Der Vulkan im Internet. Die gewöhnliche Aktivität des mit 3340 Metern höchsten tätigen Vulkans in Europa ist eine schwache bis explosive Entgasung und beschränkt sich auf die derzeit vier Gipfelkrater (Nordostkrater, Voragine Grande, Bocca Nuova und Südostkrater). Bei schwacher Entgasung treten lediglich Wasserdampf und vulkanische Gase aus. Bei explosiver Entgasung ereignen sich im Abstand von wenigen Minuten bis Stunden kleine Explosionen. Verursacht werden sie von großen, in der Magmasäule aufsteigenden Blasen, die im oberflächennahen Bereich des Schlotes platzen und glühende Lavafetzen bis zu Hunderten von Metern empor schleudern. Gelegentlich tritt am Fuß eines Gipfelkraters Lava aus. Ungewöhnlich, aber durchaus möglich ist der Austritt von Lava aus Eruptionsspalten, die verbunden mit starken Erdbeben an den Hängen des Ätna aufreißen. Größere Ausbrüche wie von Anfang Dezember 1991 bis Ende März 1993 laufen nach diesem Mechanismus ab. Während des Aufreißens von Spalten kann die Aktivität der Gipfelkrater zeitweise zum Erliegen kommen.

Bereits im Februar 2000 flossen Lavaströme aus dem Südostkrater, und im Juni meldete dpa aus Catania: „Eine riesige Aschewolke hat am Montag die Sonne über dem sizilianischen Vulkan Ätna verfinstert. Bei der Eruption wurden außerdem Gesteinsbrocken und Lava drei Kilometer hoch in die Luft geschleudert. Der Wind trieb die Wolke in Richtung der Stadt Catania, wo die meiste Asche niederging." Am 30. Oktober folgte die Meldung: „Der Ätna auf Sizilien spuckt wieder Feuer. Mit gewaltigem Getöse stieß der größte Vulkan Europas rot glühende Lava-Fontänen und Dampf aus. Das spektakuläre Naturschauspiel mit 100 Meter hohen Lavasäulen zog am Wochenende Forscher und Touristen an."

Die nach Ansicht der Experten „trotz aller Medienpräsenz" als „gegenwärtig völlig normal einzustufenden" Ereignisse hatten bereits im Februar eine Ätna-Homepage zur Folge: „Der Ätna ist in Hochform", war der Presse zu entnehmen. „Echte Vulkan-Fans bewundern die Feuerfontänen vor Ort auf Sizilien. Wer zu Hause bleiben muss, kann sich aktuelle Fotos im Internet anschauen: *http//www.geo.mtu.edu/~boris/ETNA.html*. Dort gibt es auch geologische Infos und den Wetterbericht für die Last-Minute-Reise."

Ätna
Blick über ein östliches Lavafeld zum nahezu kreisrunden, flachen Kegel des mit 3340 Metern höchsten Vulkans in Europa. Sein Umfang misst rund 200 Kilometer. Um 1800 bestand über die Höhe noch Unklarheit; in einem „geographischen Verzeichnis", so berichtet Gottfried Seume in seiner Wanderung nach Syrakus im Jahr 1802, wurde sie „beträchtlich höher angegeben als die höchsten Alpen: das mögen die Italiener mit den mathematischen Geographen ausmachen".
Vulkanologen betrachten den Ätna als vergleichsweise „gutmütig": Ausbrüche kündigen sich in der Regel durch Erdbeben an und die Lavaströme wälzen sich relativ langsam über den Kraterrand oder aus Felsspalten. Diese Flankenausbrüche haben mehr als hundert Nebenkrater entstehen lassen, die den Kegel wie riesige Narben bedecken.

Troina
Die Silhouette des in den Nebroden gelegenen, einst zwischen Muslimen und Normannen umkämpften Bergstädtchens wird vom Campanile überragt; er ergänzt seit dem 16. Jahrhundert die normannische Chiesa Matrice.

Alcántara-Schlucht
Sowohl eine Straße als auch eine Schmalspurbahn umrunden den Ätna. Beide führen durch das nordöstlich gelegene Linguaglossa, einen Ausgangspunkt für Touren auf den Vulkan und für einen Abstecher zur Alcántara-Schlucht mit bis zu 50 Meter hohen, bizarr geformten Basaltwänden eines vorgeschichtlichen Lavastroms. Ausgewaschen wurde die Schlucht vom Alcántara-Fluss, der bei Giardini-Naxos inmitten einer fruchtbaren Ebene ins Ionische Meer mündet.

Die folgende Doppelseite zeigt die Landschaft bei Caltanisetta südwestlich von Enna. Seine einst dichte Bewaldung verlor das zentrale Hügelland bereits im Altertum, um beispielsweise den Holzbedarf für den römischen Flottenbau zu befriedigen. Die extensive Bodennutzung als Kornkammer Italiens, später Spaniens, in Form der Latifundienwirtschaft der Großgrundbesitzer schritt bis in die Neuzeit fort. Die Provinzhauptstadt Caltanisetta hat ihre Position als zentraler Markt mit Weizen behalten.

Nicosìa
Die nordöstlich von Enna an einem Hang emporsteigende, in einem Kastell gipfelnde Bergstadt entstand um 800 n. Chr., also in byzantinischer Zeit, und wurde unter der Normannenherrschaft von Lombarden besiedelt. Hieran erinnern der in Nicosìa heimische Dialekt und der hohe Anteil von Blondschöpfen unter den 15 600 Einwohnern.
Die im 18. Jahrhundert erneuerte Kirche Santa Maria Maggiore enthält den so genannten Thron Karls V., auf dem der Kaiser und spanische König von Sizilien Platz genommen haben soll, als er auf der alten Verbindungsstraße von Palermo nach Messina in Nicosìa Station machte. Seine Reise durch das von den Spaniern vor allem aus strategischen Gründen geschätzte Sizilien war durchaus ungewöhnlich; Karl V. „zeigte den Sizilianern nach Jahrhunderten wieder den persönlichen Herrscher in seiner Sorge für den äußeren und inneren Frieden" (Karl Brandi, *Kaiser Karl V.*).

Caltagirone
Der seit prähistorischer Zeit besiedelte Ort an einer 600 Meter hohen Bergkuppe gliedert sich in eine Ober- und eine Unterstadt. Die schönste Verbindung ist die berühmte Keramiktreppe. Die ornamentalen Muster der senkrechten Fliesen wechseln in schier unerschöpflicher Vielfalt von Stufe zu Stufe. Die Kunst der Herstellung von farbiger, mit einer Zinnglasur überschmolzener Keramik (Majolika bzw. Fayence) dürfte ein Erbe der Muslime sein. Heute ist Caltagirone das bedeutendste Keramikzentrum auf Sizilien und Standort eines Keramikmuseums, das in Italien allenfalls durch jenes in Faenza übertroffen wird.

Villa del Casale
Die Attraktion von Piazza Armerina ist der spätrömische Sommerlandsitz im Casaletal, die Villa Romana bzw. Villa del Casale. Zu den bekanntesten Mosaiken gehört ein zweireihiger Fries mit zehn „Bikini-Mädchen" am Boden eines der Gästezimmer. Die mittlere Figur des oben wiedergegebenen Ausschnitts ist mit den Siegeszeichen Krone und Palmzweig versehen – mit Attributen also, die auf frühchristlichen Mosaiken die Märtyrer und Märtyrerinnen auszeichnen. Tatsächlich sind die im 6./7. Jahrhundert nachträglich eingefügten Sportlerinnen Zeitgenossen der in lange weiße Gewänder gehüllten Prozessionsteilnehmer an der Hochwand der Basilika Sant'Apollinare Nuovo in Ravenna. Vorherrschende Themenbereiche der um 300 n. Chr. entstandenen Bodenmosaike der Villa del Casale sind jedoch Szenen aus dem Leben der römischen Oberschicht wie die Jagd, zum Beispiel auf Vögel (Detail links aus der „Kleinen Jagd" in einem an den zentralen Innenhof angrenzenden Raum), die Mythologie (z. B. die „Arbeiten des Herakles") und sinnbildliche Hinweise auf den Verwendungszweck des betreffenden Raumes (z. B. eine erotische Szene in einem mit einem Vorraum versehenen Schlafzimmer).

An das zentrale Peristyl der Villa del Casale schließt sich ein für Empfänge bestimmter Saal an, die so genannte Basilika. Diese wird von den Gemächern des Hausherrn und der Hausherrin flankiert. Zu Letzteren gehört der Arionsaal, benannt nach dem Thema seines Fußbodenmosaiks. Als Szenerie dient die in einem Ausschnitt wiedergegebene, von berittenen Göttern, geflügelten Eroten und Fischen bevölkerte Meereslandschaft. Den Mittelpunkt bildet Arion, „der von Delphinen übers Meer nach Tainaron getragen wurde. Arion war in jenen Zeiten [im 7. Jahrhundert v. Chr.] der unvergleichlichste Sänger und Kitharaspieler […]. Nachdem er lange bei Periandros verweilt hatte, so erzählen sie, wollte er nach Italien und Sizilien hinüberfahren, und als er dort reiche Schätze erworben hatte, wünschte er wieder nach Korinth zurückzukehren“. (Herodot, *Historien* I, 23 f.). Auf hoher See wird Arion gezwungen, sich ins Meer zu stürzen. Doch der Gesang, den ihm die Seeleute zuvor gestattet haben, lockt jene Delphine herbei, und einer von ihnen rettet dem Sänger das Leben. „So erzählt man in Korinth und in Lesbos, und ein ehernes Weihebild des Arion von nicht bedeutender Größe ist in Tainaron [Arions Landeplatz an der Südspitze der Peloponnes] aufgestellt: ein Mann reitet auf einem Delphin“ (Herodot, ebd., I, 24)

Pantàlica
Im Südosten des zentralen Berglandes liegt das Hochplateau Pantàlica, umgrenzt von den Schluchten des Calcinara- und des Ànapo-Flusses. Hier lag das wohl im 12. Jahrhundert v. Chr., in der Bronzezeit, gegründete Zentrum eines sikanischen Herrschaftsgebiets. Erhalten sind die Grundmauern eines Palastes mit Spuren von Metallverarbeitung in einem der Räume. Vor allem aber zeugen rund 5000 Felsgräber, die in das Kalkgestein der Schluchten gehauen wurden, und die darin entdeckten Grabbeigaben (überwiegend Keramik, heute im Archäologischen Museum von Syrakus) von der Pantàlica-Kultur (bis um 850 v. Chr.). Pantàlica wurde sporadisch bis ins frühe Mittelalter bewohnt, wobei die Kammern der Nekropolen zu Wohngrotten erweitert und auch als Felsenkirchen ausgestaltet wurden.

Die Kornkammer
Goethes Eindrücke auf der Reise von Agrigent nach Caltanisetta, die er mit dem Begriff der „wüsten Fruchtbarkeit" auf den Punkt gebracht hat, lassen sich auch heute nachempfinden: „Es sind keine großen Flächen, aber sanft gegeneinander laufende Berg- und Hügelrücken, durchgängig mit Weizen und Gerste bestellt, die eine ununterbrochene Masse von Fruchtbarkeit dem Auge darbieten. Der diesen Pflanzen geeignete Boden wird so genutzt und so geschont, dass man nirgends einen Baum sieht, ja alle die kleinen Ortschaften und Wohnungen liegen auf den Rücken der Hügel, wo eine hinstreichende Reihe Kalkfelsen den Boden ohnehin unbrauchbar macht" (28. April 1787).

Künstler in Sizilien

Drei Maler von europäischem Rang stehen mit Sizilien in Verbindung: in der Epoche der italienischen Frührenaissance Antonello da Messina, zu Beginn des 17. Jahrhunderts der Begründer der barocken Helldunkel-Malerei, Caravaggio, und Renato Guttuso, ein Exponent des Realismo (Titel seiner ab 1948 erschienenen Zeitschrift) im 20. Jahrhundert.

Um 1430 in Messina als Sohn eines Steinmetzes geboren, wohl in Neapel als Maler ausgebildet, ist ANTONELLO DA MESSINA urkundlich 1460 in Kalabrien nachgewiesen, danach bis 1465, 1473/74 und von 1476 bis zum Tod 1479 in seiner Heimatstadt. Die väterliche Werkstatt in Messina führten sein Sohn Jacobello und dessen Vetter Antonio de Salina weiter. Giorgio Vasari ist wesentlich dafür verantwortlich, dass Antonello da Messina in erster Linie mit der Verbreitung der Ölmalerei in Zusammenhang gebracht wurde, weniger mit seinen herausragenden Leistungen als Maler psychologisch ausdrucksvoller Porträts und als Meister der Raumperspektive (*Der hl. Hieronymus in seinem Studierzimmer*; London, National Gallery). Antonello habe, so berichtet Vasari in seiner Sammlung von Künstlerviten (1550), als Maler mit Ölfarben „Italien an solch einem nützlichen, schönen und bequemen Geheimnis teilhaben lassen". Der junge Maler begeisterte sich nämlich am Hof des Königs Alfons I. von Sizilien und Neapel an einem Gemälde des „Johannes von Brügge" (Jan van Eyck) und reiste nach Flandern, um die neue Technik der lasierenden Verwendung einer Farbsubstanz aus mit Ölen versetzten Pigmenten zu erlernen. Die Künstlerlegende besitzt als historischen Kern den Einfluss der flämischen Feinmalerei in Italien um die Mitte des 15. Jahrhunderts, die an Antonellos malerischer Wiedergabe der plastisch empfundenen Porträtbüsten erkennbar ist. Er gehörte mit seiner weichen Modellierung in Venedig (1474/75) neben Giovanni Bellini zu den Begründern der venezianischen Malkultur, deren Farbgebung sanfte Lichtwirkungen mitbestimmen.

Als ein charakteristisches Hauptwerk Antonellos besitzt die Pinakothek der Sizilianischen Regionalgalerie in Palermo eine als Brustbild gestaltete *Maria der Verkündigung*. Einen Ehrenplatz im Regionalmuseum von Messina nimmt ein Polyptychon Antonellos ein mit der thronenden Madonna zwischen den Heiligen Benedikt und Georg sowie dem Verkündigungsengel und einer Maria der Verkündigung.

Sizilien war die letzte Station in der künstlerischen Laufbahn des Michelangelo Merisi (1571/72–1610), nach seinem norditalienischen Geburtsort CARAVAGGIO genannt. Nach einer Lehrzeit in Mailand und einem Aufenthalt in Venedig entwickelte er ab 1587 in Rom eine Gestaltungsweise, die gebündeltes Licht mit krasser Helldunkel-Wirkung auf naturalistisch wiedergegebene Figuren und Gegenstände richtet. Er hat auf diese Weise dem traditionellen Thema des Widerstreits zwischen Irdischem und Überirdischem, Profanem und Heiligem, erstmals die barocke Dramatik verliehen, die als Caravaggismo europaweite Geltung erlangt.

Ein Totschlag im Streit zwang Caravaggio 1606 zur Flucht aus Rom. Von Neapel trieben ihn fortwährende Streitigkeiten 1607 nach Malta. Er wurde hier Ritter des Johanniterordens, nach einem Streit aber eingekerkert. 1608 gelang ihm die Flucht nach Sizilien. In Syrakus malte er für die Kirche Santa Lucia das Begräbnis der 310 hingerichteten Märtyrerin, deren Verehrung sich bis nach Schweden als „Lichtbringerin" (Lucia leitet sich vom lateinischen Wort *lux* = Licht her) ausgebreitet hat.

Über Messina reiste Caravaggio nach Palermo und schuf hier 1609 im Auftrag der Compagnia di San Lorenzo sein letztes Werk: eine *Anbetung der Hirten* im Oratorio San Lorenzo bei San Francesco mit den beiden Kirchenpatronen und der in gleißendes Licht gehüllten Gruppe aus Mutter und Kind.

Caravaggios Naturalismus kennzeichnet den Gegenpol zum Idealismus der Renaissance. Seine Kunst antwortet der Harmonie des Ausgleichs mit der Diskrepanz aus verdinglichter Wirklichkeit und deren mystischer Belebung. Bereits hier stellt sich die Frage nach dem Wahrheitsanspruch des künstlerischen Abbilds von Wirklichkeit, die im vieldeutigen Begriff des Realismus mit enthalten ist. RENATO GUTTUSO, 1911 in Bagheria bei Palermo geboren, gehört zu den „Realisten" in der Malerei des 20. Jahrhunderts mit ausgeprägter politischer Orientierung. Guttuso trat 1940 der verbotenen KPI bei und war am Widerstand als Verbindungsoffizier zwischen Partisanen beteiligt. 1950 wurde er in Warschau mit dem Friedenspreis ausgezeichnet, 1951 in Moskau mit dem Leninpreis und gehörte nun auch dem Zentralkomitee der KPI an. Der Wahl 1975 in den Stadtrat von Palermo folgte die Wahl zum Senator der Republik.

Vor diesem Hintergrund erweist sich Guttusos Unterscheidung zwischen Kunst und Ideologie als unabdingbare Voraussetzung seiner Malerei: „Die Kunst ist keine Ideologie, mag sie auch ideologische Einflüsse erfahren. Kunst ist eine Vision der Welt, kein Instrument zur Vermittlung eines vorgegebenen Wissens."

Begonnen hatte Guttuso im Alter von 12 Jahren bei einem *Carretti* (Karrenmaler), doch sein Vater sah für ihn ein Jurastudium vor, dem sich Guttuso 1930/31 unterwarf; ab 1933 lebte er vorwiegend in Rom und Mailand. Ein *Bildnis van Gogh* (1936) ist ein erster Hinweis auf Guttusos Verbindung zum Expressionismus; ab 1945 stand er in enger freundschaftlicher

Beziehung zu Picasso, und eines der Spätwerke in der Technik der Transkription von Vorbildern enthält eine Hommage an Giorgio de Chirico, der zu den bunt gemischten Gästen des römischen Künstlerlokals Antico Caffè Greco in der Via dei Condotti gehört (*Caffè Greco*, 1976, Öl auf Leinwand, 282 × 333 cm; Köln, Museum Ludwig).

Themen aus seiner sizilianischen Heimat beschäftigten Guttuso 1938 beim Gemälde *Ausbruch des Ätna* als Ausdruck der Bedrohung. 1966 entstand eine als autobiografisch zu verstehende Serie aus sieben Gemälden, darunter *Der Landvermesser Gioacchino Guttuso* in der Galleria Communale d'Arte Moderna Contemporanea in Bagheria, die heute zusätzlich nach Guttuso benannt ist und einen Großteil seines Frühwerks besitzt. Zu dieser Serie gehört *Die rote Wolke* mit einem sizilianischen Stillleben aus einem Spiegelei in einer Pfanne (es erinnert an die ländlichen Bodegónes von Velázquez, etwa *Frau, die Spiegeleier brät*), Brot, Revolver und Widderschädel vor einem Farbfeld, dessen Farbe Rot in erster Linie auf Empfindungen gerichtet ist, ohne politische Bezüge auszuschließen. Zehn Jahre später stellte Guttuso auf dem großformatigen Bild des Marktes in Palermo (*La Vuccina*, 1974; Palermo, Universität) eine Überfülle an Kulinarischem zur Schau, die bei einem Kritiker die Vermutung weckte, es handle sich um eine Fata Morgana, die nicht Konsum, sondern im Gegenteil Hunger bedeute.

Die Vermutung war wohl ideologisch gefärbt und bestätigte Guttusos Überzeugung: „Die Kunst ist nicht das Instrument, das in jedem kleinen Punkt die Interessen einer Klasse verteidigt. Sie ist kein ‚Surrogat der Praxis'. Auch jenen Menschen, die die Ideologie als Konzeption der Welt interpretieren, gelingt es nicht, Kunst und Ideologie gleichzusetzen; sie machen eher die Kunst zu einem Werkzeug der Ideologie."

Zu Guttusos letzten Arbeiten gehört das Gemälde *Die Dächer von Palermo mit Porta Nuova* (1985; Mailand, Galleria Ruggerini e Zonca). Er starb 1987 in Rom.

Renato Guttuso, *Die rote Wolke*, 1966; Öl auf Leinwand, 130 x 161 cm; Berlin, Nationalgalerie

5 Der Inselbogen

Beginnend weit im Süden, der tunesischen Küste näher als der sizilianischen, beginnt mit den vulkanischen Pelagischen Inseln (Lampedusa, Linosa und das unbewohnte Lampione) der halbkreisförmige Inselkranz Siziliens. Es folgt als größte sizilianische Insel Pantelleria mit dem zuletzt 1890 tätigen, 836 Meter hohen Vulkan Montagna Grande und einem als Specchio di Venere (Spiegel der Venus) bezeichneten See. Die schon in prähistorischer Zeit besiedelte Insel mit Obsidian-Vorkommen diente Phöniziern und Karthagern, Römern und Arabern und zuletzt (1943) den Alliierten als militärischer Stützpunkt zwischen Afrika und Sizilien.

Ebenfalls prähistorische Siedlungsspuren besitzen die westlichen Ägadischen Inseln Favignana, Lévanzo (jungsteinzeitliche Felsgravierungen in der Grotta del Genovese) und Marèttimo, Schauplatz der siegreichen Seeschlacht der Römer, die 241 v. Chr. den Ersten Punischen Krieg beendete.

Die nördlichen, nach dem griechischen Windgott Aiolos benannten Äolischen bzw. Lìparischen Inseln mit Lìpari, Vulcano, Salina, Panarea, Filicudi, Alicudi und Strómboli sind vulkanischen Ursprungs. Den Hörern und Lesern der *Odyssee* wurde Aiolos mit teils gastfreundlichem, teils unerbittlich abweisendem und insofern wetterwendischem Verhalten vorgestellt. Als Odysseus zum ersten Mal um Hilfe bat, sorgte Aiolos durch den günstigen Westwind für eine sichere Heimkehr nach Ithaka. Doch die Gefährten ließen aus Unverstand die in einem Sack gefangenen widrigen Winde unmittelbar vor dem Ziel frei, sodass ihr Schiff von Stürmen zurück zum Ausgangspunkt gepeitscht wurde. Als Odysseus ein zweites Mal als Bittsteller vor Aiolos tritt, wird er mit der Frage empfangen: „Wie nur, Odysseus, kamst du? Welch böser Dämon befiel dich? / Haben wir sorglich doch dich fortgeleitet, damit du / In dein Vaterland kämst und nach Haus und wo sonst es dir lieb ist." Auf die Erklärung des Odysseus, schuld seien die

Felsbogen bei Pollara auf der Insel Salina (Liparische Inseln)

„schlimmen Gefährten" und der „arge Schlaf", der ihn übermannt habe, reagiert Aiolos in einer Mischung aus Zorn und Furcht vor den Olympiern: „Pack' dich schnell von der Insel, du Schändlichster aller, die leben. / Denn nicht ist mir erlaubt, zu pflegen und zu geleiten / Solch einen Mann, der verhasst geworden den seligen Göttern; / Pack dich, weil du als ein den Göttern Verhasster hierher kommst" (*Odyssee* X, Verse 64ff.).

Aus erdgeschichtlicher Sicht entstanden die sieben Inseln durch eine Absenkung des Tyrrhenischen Meeres zur Zeit der Auffaltung der Apenninen als Glied einer Bergkette, die sich von den Alpen über Sizilien bis zum Atlasgebirge in Nordafrika erstreckt. Während einer Dehnungsphase des Meerbeckens bildete sich ein System von Rissen in der Erdkruste, durch die Magma aufstieg. Als erste Insel entstand auf diese Weise vor 330 000 Jahren Panarea, als jüngste vor 40 000 Jahren Strómboli. Während die vor 100 000 Jahren gebildete Insel Vulcano heute bereits im „postvulkanischen" Zustand verharrt, erfährt Strómboli weiterhin Veränderung.

Der Vulkan Strómboli (Abb. S. 111) fand Eingang in die Fachterminologie: Die strombolianische Tätigkeit ist durch den periodischen Auswurf von Magmen gekennzeichnet. Die Heftigkeit der Eruptionen mit Intervallen zwischen wenigen Minuten und einigen Stunden resultiert im Wesentlichen aus der Höhe der Magmasäule im Förderschlot sowie aus der Plastizität und dem Gasgehalt des Magmas.

Die Besiedlungsgeschichte der Äolischen bzw. Lìparischen Inseln ist ein Abbild der sizilianischen Kulturschichten im Altertum: Griechen, Karthager und Römer nahmen sie in Besitz. Doch schon seit dem Mittelalter und bis ins 18. Jahrhundert boten geschützte Buchten und Höhlen in den Steilküsten ideale Schlupfwinkel für die im gesamten Mittelmeer unter der schwarzen Totenkopfflagge segelnden Piraten.

Mit 5000 Einwohnern ist das Hafenstädtchen Lìpari (rechts) der Hauptort der gleichnamigen Insel, nach der wiederum die Lìparischen Inseln benannt sind. Wichtigste Erwerbsquelle neben dem Tourismus ist Bimsstein. Das wie der Tuffstein poröse, unter anderem zu kosmetischen Zwecken taugliche Material besteht wie das scharfkantige Obsidian-Gestein aus Lava. Das Archäologische Museum in der ummauerten Altstadt (Abb. S. 109 oben) besitzt Funde aus einer bis zu neun Meter hohen Lavastaubschicht. Sie reichen zurück bis ins 5. Jahrtausend v. Chr.

Pantelleria
Das Landschaftsbild der südlichsten und größten sizilianischen Insel wird durch ihre vulkanische Herkunft geprägt; den letzten Ausbruch der Montagna Grande erlebte Pantelleria 1890. Ihrem „Feuer" verdankt die Insel Thermal- und Mineralquellen sowie natürliche Schwitzgrotten. Die prähistorische Besiedlung bezeugen überwölbte Rundgräber aus Lavabrocken, die als Stesi bezeichnet werden (links unten). Vergleichbar sind die – allerdings meist weit größeren – Nuragen auf Sardinien und Trulli in Süditalien. Gemeinsames Merkmal sind die „falschen Gewölbe" aus konzentrischen, sich verjüngenden Steinkreisen. Von der etwa 40 Kilometer langen Küstenstraße zweigen Stichstraßen ins Innere ab. Sie führen zu Dörfern aus arabisch anmutenden Hauskuben am Rande terrassierter Anbauflächen; eine Spezialität sind die Muskattrauben des schweren Moscato. Aus dem tropischen Amerika stammt der teils kultivierte, teils verwilderte Echte Feigenkaktus (Opuntia ficus barbarica) mit fleischigen Stängelgliedern, gelben Blüten und roten Früchten mit Borstenpolstern; ihr Fruchtfleisch ist essbar und besitzt einen feigenartigen Geschmack, den der Name des Gewächses ankündigt (unten rechts). Ausgetretene Felsplatten als Hinterlassenschaft der Römer auf ihren Wegen über die Insel (unten links).

Favignana
Die größte der Ägadischen Inseln vor der Westküste Siziliens wird von Trapani aus mit dem „Aliscafo" in 25 Minuten erreicht. Anlegestelle ist der gleichnamige Ort an der Nordküste zu Füßen des 314 Meter hohen Monte Santa Caterina. Im östlichen Teil der Insel hat der Abbau des vulkanischen Tuffsteins tiefe Schluchten hinterlassen, deren Wände mit gitterartiger Struktur an monumentales Mauerwerk erinnern. An der Küste haben Wasser und Wind bizarre Skulpturen geformt, deren Grotten ebenfalls die Assoziation architektonischer Gebilde hervorrufen.

Lévanzo
Von der Anlegestelle der kleinsten unter den Ägadischen Inseln führt ein Felspfad zur Grotta del Genovese mit Felsgravierungen und Malereien. Die ältesten stammen aus einer Zeit, in der die Inselgruppe noch mit Sizilien verbunden war.

Salina
Die nach Lìpari zweitgrößte der Äolischen bzw. Lìparischen Inseln vor der Nordküste Siziliens hat mit den beiden Orten Santa Marina Salina im Osten und Malfa im Westen zwei beschauliche Häfen. Den heute idyllischen, einst wachsamen Blick aufs Meer, in dem bis ins 18. Jahrhundert Piratenschiffe auftauchen konnten, verkörpern die als Attika-Bekrönung eines Landhauses dienenden Büsten behelmter Krieger.

Lìpari
Zu den Exponaten des Archäologischen Museums gehören originalgetreu rekonstruierte Nekropolen. Abgebildet ist ein Komplex aus der Zeit um 1400 bis 1250 v. Chr. (Kultur des Milazese). In nach Osten ausgerichteten Tongefäßen (Pithoi) wurden die Toten in embryonaler Haltung beigesetzt; diese wie die lose Abdeckung könnten auf einen Kult der Wiedergeburt hindeuten. Aus der griechischen Epoche stammt die Sammlung von Miniatur-Theatermasken (8–8,5 cm). Abgebildet ist eine Maske, die sich, im Unterschied zu den grotesk verzerrten Komödien-Masken, auf eine Tragödie bezieht.

Lipari
Das Archäologische Museum verteilt sich auf mehrere Gebäude in der ummauerten Altstadt (einst Akropolis der um 575 v. Chr. von Siedlern aus Knidos und Rhodos gegründeten Kolonie Lipara). Überragt wird das Ensemble mit insgesamt vier Kirchen von der barocken Fassade und dem Campanile des Domes.
Der Hafen von Lipari (vgl. S. 103) liegt zu Füßen des 60 Meter hoch aus dem Meer aufsteigenden Felsplateaus, dessen Befestigungsmauer im 16. Jahrhundert als Schutz gegen Piraten errichtet wurde.

Vor der Küste von Lìpari erinnern steile Basaltmonumente an den vulkanischen Ursprung der Inselgruppe.

Salina und Vulcano
Gemeinsam ist den Lìparischen Inseln die Vielzahl der Steilküsten aus erstarrten Lavaströmen, etwa bei Pollara auf Salina (links oben). Nur durch die Meerenge der Bocche di Vulcano von Lìpari getrennt, erhebt sich die Insel Vulcano, die zuletzt vor rund hundert Jahren von einem Ausbruch des 391 Meter hohen Gran Cratere erschüttert wurde. Zu dessen Füßen liegt der Landeplatz Porto Levante. Aus antiker Zeit stammt die nordöstliche Halbinsel Vulcanello; sie entstand 183 v. Chr. – wie Jahrtausende zuvor der Ätna – durch einen Unterwasserausbruch. Heiße Unterwasserquellen bringen in der Zona della Acque Calde das Meerwasser zum Sieden (links unten).

Strómboli
Die nördlichste der Lìparischen bzw. Äolischen Inseln wird vom 924 Meter hohen Kegel des gleichnamigen Vulkans überragt. Die nachts als feuriger Widerschein weithin sichtbaren Eruptionen – heute in Intervallen von 20 Minuten bis zu einer Stunde – dienten bereits den Seefahrern des Altertums als natürliches Leuchtfeuer. Gewaltige Dampfwolken entstehen, wenn die glühende Lava über den Kraterrand ins Meer fließt. Die Ambivalenz der mythischen Heimat des Herrn der Winde – zum einen fruchtbar und idyllisch, zum anderen abweisend und lebensfeindlich – spiegelt sich in den beiden Begegnungen des Odysseus mit König Aiolos/Äolus wider: Beim ersten Mal gastfreundlich aufgenommen und durch günstige Winde bis kurz vor die Heimat Ithaka getrieben, blieb dem Irrfahrer bei seiner unfreiwilligen Rückkehr zur Inselgruppe jede weitere Hilfe versagt. Einblick in das entbehrungsvolle, von der Außenwelt abgeschnittene Leben der Fischer auf Strómboli bietet ein Film aus der Epoche des Neoverismo nach 1945: Rossellinis *Stromboli* (1949) mit Ingrid Bergman in der weiblichen Hauptrolle.

Sizilianische Speisekarte

Vom Essen und Trinken hierzuland hab' ich noch nichts gesagt", räumt Goethe unter dem Datum des 12. April 1787 ein, „und doch ist es kein kleiner Artikel. Die Gartenfrüchte sind herrlich, besonders der Salat von Zartheit und Geschmack wie eine Milch; man begreift, warum ihn die Alten Lactuca genannt haben. Das Öl, der Wein, alles sehr gut und sie könnten noch besser sein, wenn man auf ihre Bereitung mehr Sorgfalt verwendete. Fische die besten, zartesten. Auch haben wir diese Zeit hier sehr gut Rindfleisch gehabt, obwohl man es sonst nicht loben will" – es gilt gewöhnlich als zäh. Als mitteilenswert erachtet Goethe, dass sein einheimischer Reisebegleiter „mit größtem Appetit rohe Artischocken und Kohlrabi" aß: „freilich muss man gestehen, dass sie viel zarter und saftiger sind als wie bei uns."

Im übrigen enthält der „große Artikel" kleine Verdrießlichkeiten, zumal die unterentwickelte Hotellerie und Gastronomie, ausgenommen in Palermo, sowie die sozialen Verhältnisse dem Sensualisten Goethe missfallen. In Segesta raufen sich Kinder um die Wurstschalen, die bei den Mahlzeiten der Reisenden abfallen. In Girgenti mangels eines Gasthofs privat untergebracht, beobachtet Goethe die Herstellung von Teigwaren und lässt sich erklären, „dass sie aus dem besten und schwersten Weizen, Grano forte genannt, fabriziert würden. Dabei kommt viel mehr Handarbeit als Maschinen- und Formwesen vor. Und sie hatten uns denn auch das trefflichste Nudelgericht bereitet, bedauerten jedoch, dass gerade von der allervollkommensten Sorte, die außer Girgent, ja, außer ihrem Hause nicht gefertigt werden könnte, nicht einmal ein Gericht vorrätig sei" (24. April). In Catania, klagt Goethe, „befanden wir uns freilich sehr übel. Die Kost, wie sie der Maultierknecht bereiten konnte, war nicht die beste. Eine Henne, in Reis gekocht, wäre dennoch nicht zu verachten gewesen, hätte sie nicht ein unmäßiger Safran so gelb als ungenießbar gemacht" (2. Mai).

Dabei war Catania das Zentrum einer sizilianischen Köstlichkeit arabischer Herkunft in Form des schneegekühlten süßen Getränks namens *sherbat*. Aus dem *sherbat* entstand die *granita*: unter ständigem Rühren mit Kühlmaterial vom Ätna geeistes Wasser, dem Zucker, Fruchtsaft oder Fruchtmark beigegeben wurde. Arabisches Erbe sind auch Aromastoffe wie Jasminblüten. *Granita*, heute als halbgefrorenes Getränk mit Kaffee *(Brant di caffè)* und Zitrone, aber auch aus Mandelmilch gereicht, bildete den Ausgangspunkt der sizilianischen Gelati-Kultur. Sie fand im 17. Jahrhundert – beispielsweise als Spezialität im Pari-

Karikierende, möglicherweise auf eine Komödie anspielende Darstellung einer Marktszene: Der Fischhändler zerlegt mit seinem „Schwert" einen Thunfisch. Rotfigurige Bemalung eines Stamnos (der Amphore verwandtes gebauchtes Gefäß) aus dem 4. Jahrhundert v. Chr.; Cefalù, Museo Communale Mandralisca.

ser Café Procope des aus der Gegend von Catania stammenden Procopio Coltelli – europaweite Verbreitung. Eine ureigene sizilianische Form ist das mit Eis gefüllte Hefegebäck *Briosce*.

Dass Goethe bereits in Palermo dem Speiseeis begegnet sein müsste, legt der Titel „Eiscremeparlament" nahe, den Amadeus von Savoyen, von 1713 bis 1720 König von Sizilien, dem palermitanischen Stadtrat verliehen hat: Während der Sitzungen, so der Eindruck des Monarchen, waren die Abgeordneten vorwiegend mit ihren gefrorenen Leckereien beschäftigt. Auf den Punkt gebracht, symbolisiert die sizilianische Herkunft des Speiseeises den elementaren, in aromatisierte Form gebrachten Zusammenhang von Hitze und Kälte.

Um in Catania zu verweilen. Eine Spezialität der Ostküste sind die *Sarde al beccafico*: Zwei von Gräten befreite, aufgeklappte Sardellen werden aufeinander gelegt; dazwischen befindet sich eine Füllung aus Semmelbröseln, Petersilie, Knoblauch und Parmesankäse. Sie werden gebraten oder in Tomatensoße gegart. An der Nordwestküste, bei Palermo, enthält die Füllung der hier zusammengerollten Sardellen zusätzlich Pinienkerne und Sultaninen. Ebenfalls von Küste zu Küste verschieden ist der Vorrang bestimmter Fischarten. Eine Spezialität im Osten ist der Schwertfisch *(pesce spada)*, im Westen der Thunfisch *(tonno)*. Jungsteinzeitliche Felsgravierungen in der Grotta del Genovese auf Lévanzo im westlichen Archipel der Ägadischen Inseln belegen den Thunfischfang bereits vor 10 000 Jahren. Der Saft des Tintenfischs gibt der *Pasta alle sepie nere* ihre für das Auge verwunderliche schwarze Färbung, die jedoch den Gaumengenuss nicht beeinträchtigen kann.

Eine Gemeinsamkeit der nordafrikanischen und der sizilianischen Küche, insbesondere im Westteil, ist seit arabischer Zeit das *Kuskus* aus Weizen-, Hirse- oder Gerstengrieß, Hammelfleisch und verschiedenen Gemüsen; in Sizilien wird es überwiegend mit einer Fischsoße serviert oder aber – so in Agrigent – als Süßspeise *Cuscusu* geschätzt.

Ungeachtet der regionalen Unterschiede lebt die Gastronomie der Sizilianer, die von den Römern des Altertums in einer Mischung aus Herablassung und verhohlener Anerkennung insgesamt als Köche bezeichnet wurden, von ihren Kräutern und Gewürzen. Sie verleihen den vielfältigen Speisen aus Teigwaren (*pasta*), den Fisch- und Fleischgerichten ihren unverwechselbaren Geschmack. Dies gilt für die ausladenden Büfetts mit Vorspeisen (*antipasti*) wie der *caponata* aus geschmorten Auberginen, Oliven, Paprika, Sellerie, Tomaten und Zwiebeln, die als ein mitunter süßsaures Gemüse auch als Beilage dient. In Scheiben geschnittene Auberginen, die schichtweise mit Schinken, Eier, Hackfleisch und Mozarella belegt, dann mit Parmesan bestreut und überbacken werden, ergeben *la parmigiana*. Zu den Klassikern gehören Kalbfleischröllchen namens *involvini* mit Rosinenfüllung und Lorbeerblättern, oder die Blüten und Blattspitzen des sizilianischen Kürbisses, die als *tinnirùme* in Olivenöl und Salzwasser gegart werden.

Wer sich en passant mit der sizilianischen Speisekarte vertraut machen möchte, wird von dem literarischen Genre des Kriminalromans mit Blick auf den Appetit des Helden bedient. Dieses in doppelter Hinsicht kulinarische Gestaltungsmittel von Autoren wie Andrea Camilleri aus Porto Empèdocle bei Agrigent ist allerdings nicht zu verwechseln mit der Dramaturgie des Essens und Trinkens in Friedrich Dürrenmatts Kriminalroman *Der Richter und sein Henker* (1952), in dem der todkranke „Richter" Kommissar Bärlach durch eine aller Vernunft und Wahrscheinlichkeit widersprechende Orgie mit Messer und Gabel seinen Untergebenen Tschanz dazu treibt, das ihm zugedachte Amt als „Henker" auszuüben. Spannende Unterhaltungsliteratur, die durch eine Schilderung von Speisen und Speisegewohnheiten auch den Geschmackssinn anspricht und stellenweise als Kochbuch verwendet werden kann, popularisierte Johannes Mario Simmel mit seiner Agentengeschichte *Es muss nicht immer Kaviar sein* (1960). Im TV-„Tatort", Sparte Ludwigshafen, lassen sich Kommissarin Lena Odental und ihr Assistent Mario Copper in kniffligen Situationen von dessen Mutter, Herkunft Taormina, bewirten und beraten. Denn: „Wer Sorgen hat, braucht Liebe oder eine gute Mahlzeit", beispielsweise knuspriges Spanferkel mit kleinblättrigem Basilikum statt Rosmarin, „das ergibt einen kräftigeren Geschmack" (Folge *Mordfieber*, 1999). Auch Camilleris Commissario Salvo Montalbano hat es sich zur Regel gemacht, unerfreuliche Ereignisse durch eine angenehme Mahlzeit zu kompensieren. Als ihm die Aufklärung des Mordes an Michela Licalzi wegen Unachtsamkeit entzogen wird (er hat den nackten Leichnam mit einem Bademantel bedeckt, bevor die Spurensicherung eingetroffen ist), lässt er sich in einer Osteria vertrauensvoll und zu seiner höchsten Zufriedenheit vom Besitzer/Kassierer/Kellner nach dessen Belieben bedienen. „Als *primo* brachte er eine große Portion *maccheroni* mit einer Soße namens *foco vivo* (einem lodernden Feuer aus Salz, Olivenöl, Knoblauch und reichlich getrocknetem rotem Peperoncini), worauf der Commissario eine halbe Flasche Wein trinken musste. Als *secondo* eine großzügige Portion *agnello alla caccotora*, das angenehm nach Zwiebeln und Oregano duftete. Zum Abschluss ein Dessert aus Ricotta und ein Gläschen *anicione* zur Stärkung und Verdauungsförderung." Ein Glossar übersetzt *Anicione* mit Anisschnaps, *Agnello alla cacciatora* mit Lamm nach Jägerart, Ricotta mit Quark.

Natürlich dürfen Teigwaren und Meeresfrüchte auf Montalbanos Speiseplan nicht fehlen, etwa *salsa corallina*, einer Sauce aus Langusteneiern und Seeigeln. Während Montalbano die *pasta* ins kochende Wasser gibt, klingelt das Telefon und weckt die Vorahnung eines Gesprächs, „das er nicht einfach abbrechen konnte und das die richtige Konsistenz der *pasta* gefährden würde. Es wäre katastrophal gewesen, die *salsa corallina* an einen Teller zerkochter Spaghetti zu vergeuden. Er beschloss, nicht dranzugehen. Und damit das Geklingel nicht die innere Unbeschwertheit störte, die unabdingbar war, um die *salsetta* mit allen Sinnen zu genießen, zog er sogar den Telefonstecker aus der Wand."

Im zitierten Roman *La voce del violino* (dt. *Die Stimme der Violine*, 2000) mit dem Schauplatz Vigàta (= Porto Empèdocle) räumen die erwähnten „kulinarischen Köstlichkeiten" den Backwaren einen vergleichsweise hohen Anteil ein, die Montalbano beispielsweise vor Beginn der Fahrt zu einer befreundeten Familie im kargen Landesinneren auf dem Rücksitz seines Autos verstaut hat und deren Aroma er während der Fahrt genießt: „zwanzig frische *cannola*, zehn Kilo *tetù*, *taralli*, *viscotti regina*, *mostazolli* aus Palermo, *dolci di riposto* und *frutti di martorana* und als Krönung eine knallbunte, fünf Kilo schwere *cassata*"; zu deutsch: mit einer süßen Creme aus Schafsricotta gefüllte Röllchen, süßes Gebäck, Honiggebäck, nochmals süßes Gebäck, mit Wein zubereitetes Gebäck aus Palermo, dann Gebäck ohne Füllung, das sich zur längeren Aufbewahrung eignet, Marzipanfrüchte und eine eisgekühlte Bisquittorte, mit Ricottacreme gefüllt und mit kandierten Früchten verziert. Die sizilianische Vorliebe für Naschwerk spiegelt sich bereits im antiken Sprichwort: „Süß wie Honig und der Ricotta von Syrakus." Ein Sprichwort aus neuerer Zeit vergleicht Süßspeisen mit einem Kardinal: „Auch wenn die Kirche überfüllt ist, öffnet sich ihm eine Gasse."

6 Schauplatz Sizilien

Sizilien ist mit 25 426 Quadratkilometern vor Sardinien die größte Insel des Mittelmeeres und größte Verwaltungsregion Italiens – etwas größer als das Bundesland Hessen oder das Bundesland Niederösterreich oder die halbe Schweiz. Ein Blick auf die geologische Struktur verdeutlicht den ehemaligen Zusammenhang mit dem italienischen Festland: Der Appeninbogen findet seine südwestliche Fortsetzung in den Monti Peloritani, Monti Nebrodi und Monti Mardonie; die letzten Ausläufer bilden die Kalkberge bei Palermo. Nach Süden hin schließen sich Schichtkämme und Tafeln an, den Osten beherrscht der tätige Ätna, im Westen überragen Kalkberge ein durch Erdbeben gefährdetes Hügelland, im Südosten überlagert teilweise Basalt eine Kalksteintafel. Küsten- und Schwemmlandebenen wechseln mit Steilküsten.

Einzug Heinrichs VI. 1194 in Palermo. Miniatur einer Handschrift des *Liber in honorem Augusti* des Petrus von Eboli; Bern, Burgerbibliothek.

Etwa gleich weit von Gibraltar und Beirut oder Tel Aviv, von Tunis und Neapel, von Tripolis und Rom entfernt, bildet Sizilien den geographischen Mittelpunkt des mediterranen Raumes, dessen Kulturgeschichte hier seinen Brennpunkt fand. Wie bei kaum einem anderen Stück Erde bestimmten weltgeschichtliche Entwicklungen die Regionalgeschichte.

Ebenso griff aber auch wie bei kaum einem anderen Land zugleich die Naturgeschichte in die Entwicklung ein und setzte ihre zerstörerischen Zäsuren.

Die folgende Übersicht gliedert sich in zwei Teile. Sie informiert zunächst über die wichtigsten historischen Ereignisse und Epochen der sizilianischen Geschichte von der Vor- und Frühgeschichte über Altertum und Mittelalter (mit Sizilien als erstem modernem Staatswesen) bis zu den aktuellen Indizien eines gesellschaftspolitischen Wandels im Zusammenhang des Kampfes gegen die Verquickung zwischen Kriminalität, den staatlichen Institutionen, Wirtschaftsinteressen und tradierten Sozialstrukturen. Siziliens Anteil an der Entstehung des Staates Italien beruht auf den ersten hier errungenen Siegen über die Bourbonen, nachdem Giuseppe Garibaldi 1860 in Marsala im Zeichen der grün-weiß-roten Trikolore gelandet war. Zu den Exponaten des Museo del Risorgimento in Palermo gehört das anonyme Gemälde *Die Verehrung des Volkes für Garibaldi* mit der Darstellung zweier Mädchen vor dem Porträt des Freiheitskämpfers (S. 119).

Der zweite Teil widmet sich Sizilien als Schauplatz und Thema in Literatur, Musiktheater und Film.

Paris war Anfang 1848 der Ausgangspunkt einer Kette liberaler und nationaler Revolutionen. Im „Königreich beider Sizilien" gewährte Ferdinand II. eine Verfassung, die er bereits im Mai 1848 wieder außer Kraft setzte. Den Aufstand auf Sizilien bekämpfte er mit allen Mitteln. In Catania setzte er das 4. Berner Regiment ein; in der Nacht vom 5. auf den 6. April 1849 stürmte es die Stadt.
Carl Wilhelm Götzloff hatte vorab den Auftrag übernommen, die Eroberung als Kriegsmaler festzuhalten, und sich dem Kriegstross angeschlossen. Sein Gemälde *Einnahme von Catania durch das 4. Berner Regiment* (Öl auf Leinwand, 43,5 x 57 cm, Berner Kunstmuseum) schildert den nächtlichen Kampf auf dem Domplatz; im Hintergrund rechts ist der Elefantenbrunnen zu erkennen (vgl. Abb. S. 24/25). Ebenfalls im Berner Kunstmuseum befindet sich das Pendant *Brand von Catania nach der Eroberung durch das 4. Berner Regiment am 5. April 1849.* König Ferdinand II. starb 1859 an den Folgen eines Attentats.

Geschichte

Vor- und Frühgeschichte

Spuren der Besiedlung in der Jüngeren Altsteinzeit sind Felsgravierungen und Felsbilder in den Grotten des Monte Pellegrino und auf der Insel Lévanzo. Hieran schließen sich Nekropolen an, keramische Erzeugnisse der Jungsteinzeit sowie Zeugnisse der Metallverarbeitung (Pantàlica-Kultur, S. 34). Die ersten benennbaren Völker auf Sizilien sind die Sikaner, die wohl aus Kleinasien stammenden Elymer und die vom italienischen Festland eingewanderten Sikuler.

Altertum

Ab 1000 v. Chr. gründen die im Vorderen Orient heimischen Phönizier entlang der sizilianischen Küste Handelsstützpunkte, zu denen Panormos, das spätere Palermo, gehört.
Ab etwa 750 v. Chr. erreicht die Kolonisation der Griechen auch Sizilien. Im Verlauf von 200 Jahren entstehen Naxos, Syrakus, Katane (Catania) und Zankle (Messina) im Osten, Gela, Akragas und Selinos im Süden und Himera im Norden.

480 v. Chr. fällt im Ersten Karthagerkrieg durch die Schlacht bei Himera die Entscheidung zugunsten der Griechen; im selben Jahr bannten die Ostgriechen durch den Sieg bei Salamis die Persergefahr. Das 5. Jahrhundert v. Chr. ist die Zeit der dorischen Tempelbauten in Syrakus (Abb. S. 41), Akragas (Abb. S. 42–44), Selinos (Abb. S. 45), Segesta (Abb. S. 2) und Himera (Abb. S. 61).

Das Großmachtstreben der Athener gipfelt und endet mit der in Syrakus scheiternden Sizilischen Expedition (415–413 v. Chr.). Syrakus hält auch der Offensive des Zweiten Karthagerkrieges stand (409–405 v. Chr.) und reagiert mit einer Gegenoffensive.
Der auf Sizilien ausgetragene Erste Punische Krieg (264–241 v. Chr.) endet mit dem Sieg der Römer über die Karthager, die sämtliche Stellungen auf der Insel aufgeben. Sizilien wird, ausgenommen das von Hieron II. regierte Königreich Syrakus, als Sicilia zur ersten römischen Provinz. Um ihre traditionelle Militärtechnik zu Lande gegen die erfahrene Seestreitmacht Karthagos einsetzen zu können, entwickeln die Römer für ihre Flotte spezielle Enterbrücken, um die Infanterie auf die gegnerischen Schiffe marschieren zu lassen. Im wechselvollen Verlauf des Krieges mit jährlich wechselndem römischem Oberkommando der Konsuln und dem Verlust von vier Flotten erkämpfen die Römer Seesiege an der Ostspitze Siziliens bei Mylae (260) und im Westen bei Drapanum (241). Zu den Siegen der Römer im Kampf auf dem Land gehört die Schlacht bei Panormus (Palermo) im Tal des Orieto (251).

Im Ersten und zu Beginn des Zweiten Punischen Krieges (218–201 v. Chr.) bleibt Syrakus als Bundesgenosse Roms autonom. Seine kulturelle Bedeutung bezeugen die Aufenthalte des Atheners Aischylos, der mehrere seiner Tragödien hier zur Aufführung bringt (Theater in Syrakus, Abb. S. 40). Der Philosoph Platon aus Athen ist 388/87 und 367–365 in Syrakus, um an der Entwicklung eines Musterstaates mitzuwirken. Als die Römer die Stadt im Jahr 212 v. Chr. als Syracusae in ihre Provinz Sicilia gewaltsam eingliedern, fällt der Mathematiker und Physiker Archimedes der Eroberung zum Opfer.

Zwei Sklavenaufstände (136–132 und 104–101 v. Chr.) erschüttern die römische Herrschaft, die zur bloßen Ausbeutung pervertiert. Die Devise „Brot und Spiele" spiegelt sich in der extensiven Landwirtschaft wider und im Ausbau von Theatern, etwa in Taormina (Abb. S. 18f.). Hohen Standard besitzt die Infrastruktur der Städte, z. B. Tìndari (Abb. S. 75). Höchsten Luxus genießt die Oberschicht (Villa del Casale, Abb. S. 82, 96f.).

Die lebensvolle Skulptur eines Widders aus dem 4. Jh. v. Chr. wurde in Syrakus entdeckt und befindet sich heute im Nationalmuseum von Palermo. Es gilt als ein Werk aus der Schule des Lysippos von Sykone, eines Meisters im Übergang von der Spätklassik zum Hellenismus.

Legenden wie jene der hl. Agatha in Catania bezeugen frühchristliche Gemeinden. Nach der Anerkennung des Christentums durch das Toleranzedikt von Mailand (313 n. Chr.) wird Syrakus Bischofssitz.

Frühmittelalter

Die Völkerwanderung erreicht Sizilien Mitte des 5. Jahrhunderts: Der Vandalenherrschaft (ab 468 n. Chr.) folgen die Ostgoten (ab 476 n. Chr.), die 535 n. Chr. durch den oströmischen Feldherrn Belisar besiegt werden.

Um 690 n. Chr. wird Sizilien ein Thema (Militär- und Verwaltungsbezirk) des Byzantinischen Reiches.

Mosaik mit einem Bildnis des Normannenkönigs Wilhelm II. in der Kathedrale von Monreale als Stifter mit einem Modell seiner Stiftung.

Ab 827 n. Chr. erobern die muslimischen Aghlabiden vom Maghreb aus Sizilien; das 831 eroberte Palermo wird Hauptstadt, Syrakus fällt als letzte bedeutende Stadt im Jahr 878. Ab 948 n. Chr. ist Sizilien ein weitgehend selbstständiges Emirat.

Hochmittelalter

1061 beginnt mit der Einnahme von Messina die Eroberung durch die Normannen – 1059 hat Papst Nikolaus II. auf der Synode von Melfi Robert Guiscard die Lehnsherrschaft über Apulien, Kalabrien und Sizilien übertragen. Die Durchsetzung dieses Anspruchs fällt weitgehend Roberts Bruder Roger I. zu. Säulen des Staatswesens bilden die absolute Königsmacht und der Religionsfriede.

Ab 1130 regiert Roger II. als König die mit den unteritalienischen Besitzungen der Normannen vereinigte „Monarchia sicula". Zu seinen Bauten in Palermo gehören San Giovanni degli Eremiti (Abb. S. 64/65) und die Cappella Palatina (Abb. S. 67), in Cefalù der Dom (Abb. S. 76f.).

Der Regierung Wilhelms I., des Bösen (ab 1154), und der Regentschaft Margarethes von Navarra (ab 1166) folgt die Regierung Wilhelms II., des Guten (ab 1171). Zu seinen Stiftungen gehört die Kathedrale von Monreale (Abb. S. 58f., 68–71). Nach dem Tod Wilhelms II. 1189 brechen Thronwirren aus.

1194 gelingt es dem Staufer Heinrich VI., (er hat 1186 Konstanze, eine Tochter Rogers II., geheiratet), seinen Erbanspruch durchzusetzen. Sizilien wird Bestandteil des Stauferreichs. Im selben Jahr wird in Jesi bei Ancona Friedrich II. geboren. Eine epische Dichtung mit dem Titel *Liber ad honorem Augusti* über die Besitznahme des ererbten Königreichs Neapel und Sizilien durch Heinrich VI. verfasst der um 1160 in Eboli geborene und 1219/20 in Salerno gestorbene mittellateinische Dichter Petrus von Eboli.

1198 wird der deutsche König (ab 1196 bzw. 1212) und spätere Kaiser Friedrich II. als Friedrich I. König von Sizilien unter der Vormundschaft von Papst Innozenz III., dem Oberlehnsherrn des südlichen Italien. Ab 1208 regiert Friedrich selbst. Die Assisen von Capua (1220) und die Konstitutionen von Melfi (1231) dienen – nach normannischem Vorbild – der Errichtung eines straff verwalteten Staatswesens.

1250 stirbt Friedrich II. in Fiorentino bei Lucera und wird im Dom von Palermo bestattet (Abb. S. 66). Sein illegitimer, zum Statthalter Siziliens ernannter Sohn Manfred lässt sich 1258 zum König krönen.

1266 besiegt Karl von Anjou, der im Jahr zuvor durch Papst Klemens IV., einen Franzosen, mit Sizilien belehnt wurde, Manfred in der Schlacht von Benevent; 1268 lässt er Konradin, den letzten Staufer, in Neapel hinrichten.

1282 beendet die von Palermo ausgehende, von den Aragonesen unterstützte Revolte (Sizilianische Vesper) die französische Herrschaft auf Sizilien. Als Schwiegersohn Manfreds (Ehe mit dessen Tochter Konstanze) gelangt Peter III. von Aragón auf den sizilianischen Thron.

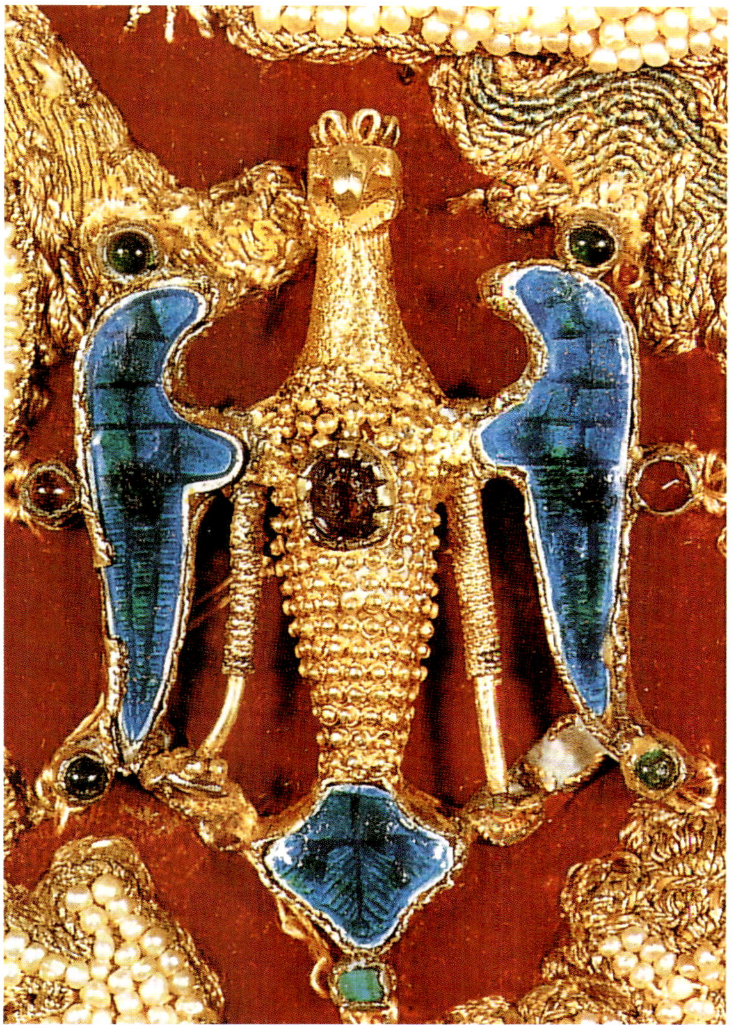

Grabschmuck aus dem Sarkophag Konstanzes von Aragón (gest. 1222), der ersten Gemahlin Friedrichs II.; Palermo, Domschatz.

1296 begründet Peters jüngerer Bruder als Friedrich II. eine aragonesisch-sizilianische Dynastie. Unter anderem lässt er Enna zur Residenz ausbauen (Abb. S. 84). Die Kämpfe gegen die Anjou in Unteritalien begünstigen den lokalen Adel (vgl. S. 50).

Die italienische Trikolore aus der Zeit der Revolution 1848/49 mit dem bereits von den Griechen verwendeten Emblem Triquetra, die Dreibeinige, oder Trinakria, die Dreispitzige; Neapel, Archivio di Stato.

Spätmittelalter

1347 verheert die Pest, der „Schwarze Tod", Sizilien.

1409 stirbt die aragonesische Seitenlinie auf Sizilien aus. Die verstärkte Bindung an das Königreich Aragón mündet 1442 unter Alfons V. in die Vereinigung Siziliens mit dem Königreich Neapel und schließlich 1458 in die Personalunion mit Aragón. Bauzeugnisse der katalanischen Gotik finden sich in Palermo (Abb. S. 66) und Cefalù (Abb. S. 77).

Frühe Neuzeit

1479 werden Kastilien und Aragón einschließlich Sizilien und Neapel zum Königreich Spanien vereinigt. Sizilien ist Bestandteil des Weltreichs Kaiser Karls V. (ab 1516 als Karl I. König von Spanien). Die Sizilienreise Karls V. 1535 (über Nicosìa, Abb. S. 94/95) gehört zu den Ausnahmen unmittelbarer Präsenz der Herrscher. Zeittypischer Stil ist der Manierismus (Abb. S. 7, 55).

Um 1600 erreicht eine Auswanderungswelle der vor den Türken fliehenden Griechen und Albaner auch Sizilien.

Zeitalter des Absolutismus

1647 wird ein durch die hohen Brotpreise ausgelöster Aufstand in Palermo niedergeschlagen.

1669 verwüstet ein Ausbruch des Ätna die Umgebung von Catania.

1693 verwüstet ein Erdbeben den Südosten. Es folgt eine Reihe barocker Stadterneuerungen (Abb. S. 28f.).

1713 beendet der Friede von Utrecht den Spanischen Erbfolgekrieg: Sizilien wird Viktor Amadeus II. von Savoyen zugesprochen, der die Insel 1720 gegen das österreichische Sardinien tauscht.

1735 erhalten die spanischen Bourbonen das Königreich Neapel-Sizilien. In Palermo residieren Vizekönige. Ihnen steht der Palazzo Reale, eine arabische Gründung, an der Piazza della Vittoria zur Verfügung sowie die 1132–40 für Roger II. erbaute Cappella Palatina. Der Landadel schwelgt in barocker Baulust (Villa Palagonia, Abb. S. 72f.).

1783 zerstört ein Erdbeben Messina.

Neunzehntes Jahrhundert

1808 wird Napoleons General Murat König von Neapel; Sizilien bleibt unter britischem Schutz bourbonisch.

1815 restauriert der Wiener Kongress die bourbonische Herrschaft im „Königreich beider Sizilien". Die Insel liegt abseits der liberalen, nationalen und ökonomischen Tendenzen Europas und entwickelt eigene Macht- und Sozialstrukturen, die durch lokale „Dons" beherrscht werden.

1848/49 scheitert die liberale Revolution (Abb. S. 114/115).

1860 leitet Garibaldi auf Sizilien durch seinen Sieg die Einigung Italiens als Königreich ein, dem sich Sizilien 1861 anschließt.

1866 scheitert ein durch die fortbestehende wirtschaftliche Vernachlässigung der Insel ausgelöster Aufstand, ebenso 1893. Die Folge ist eine Auswanderungswelle.

Zwanzigstes Jahrhundert

1908 zerstört erneut ein Erdbeben Messina.

1922 kommen in Italien die Faschisten unter Mussolini an die Macht, die sich in Sizilien auf die landbesitzende Schicht stützen können. Reformen bleiben in Ansätzen stecken.

1943 landen die Alliierten nach schweren Bombardements auf Sizilien.

1945 erhält Sizilien, um dem Separatismus entgegenzuwirken, den Status einer Region der Republik mit autonomer Verwaltung.

1950 wird das Förderungsprogramm der „Cassa del Mezzogiorno" ins Leben gerufen.

Anonymes Gemälde *Die Verehrung des Volkes für Garibaldi*; Palermo, Museo del Risorgimento

1983 offenbaren Mammutprozesse gegen Mafiosi die Machtlosigkeit der Justiz.

1996 deutet sich – nach der Ermordung von Richtern und der Anklage gegen führende Politiker wie den ehemaligen Regierungschef Andreotti – eine Wende im Kampf gegen die Mafia an: Die Aussagen von „Reumütigen" (Pentiti) erbringen handfeste Beweise gegen die Bosse und ihre Schergen.

Im Dezember 2000 rückt Palermo ins Blickfeld der Weltöffentlichkeit. Mehr als 140 nationale Delegationen mit Justiz- und Innenministern sowie einer Anzahl von Regierungschefs beteiligen sich unter dem Vorsitz des UN-Generalsekretärs Kofi Annan am „UN-Kongress gegen die Organisierte Internationale Kriminalität": gegen den globalisierten Drogen- und Menschenhandel, gegen das Geschäft mit der illegalen Einwanderung, gegen Korruption und für eine internationale Aufdeckung der Geldwäsche. Eine Klausel soll verhindern, dass die Instrumente einer weltweiten Überwachung unter dem Vorwand der Verbrechensbekämpfung zur internationalen Verfolgung Verdächtiger aus politischen oder religiösen Gründen missbraucht wird.
Dass die Mafia in Sizilien nach wie vor im Geschäft ist, lässt die Verwendung des Etats von 80 Millionen DM vermuten, der im Zusammenhang der Vorbereitung des UN-Gipfels für rund 70 Bauvorhaben zur Verschönerung der Altstadt von Palermo eingesetzt worden ist. Die Staatsanwaltschaft entdeckt bei einer ersten Durchsicht der Unterlagen „viele bekannte Gesichter" und folgert daraus, die Mafia habe am Anti-Mafia-Kongress Millionen verdient. Im Übrigen ist bekannt, dass der Justizpalast von Palermo durch Mafiafirmen errichtet wurde.

Das Jahr 2001 beginnt in Agrigent und Umgebung mit einem staatlichen Großreinemachen mittels Abrissbirnen und Bulldozern. Familienhäuser, die in den vergangenen Jahrzehnten ohne Baugenehmigung im archäologischen Schutzgebiet errichtet und stillschweigend geduldet wurden, fallen einem neu erwachten Ordnungsdenken zum Opfer, zumindest, was die Behausungen der „kleinen Leute" betrifft.

1953 gibt die Entdeckung des ersten Erdöls auf Sizilien den Anlass zur Errichtung chemotechnischer Industrieanlagen (Raffinerien von Augusta-Priolo, Gela und Milazzo).

1960 führt ein Boom der Bauwirtschaft zu einer kurzfristigen wirtschaftlichen Scheinblüte. Zugrunde liegen weder städtebauliche Konzeptionen noch eine übergreifende Verkehrsplanung. Charakteristische Folgen sind Betonklötze und Bauruinen wie Straßenbrücken ohne Zufahrt sowie die Ausbreitung der illegalen Bebauung.

1968 ist der Westen Opfer von Erdbeben (siehe Abb. S. 39).

Um 1970 zeigt sich eine Verbesserung der Infrastruktur. Die Förderung der Landwirtschaft (Bewässerung) wird wirksam.

Literatur, Oper, Film

Drei Beispiele aus der Antike

Um 700 v. Chr. entsteht das dem legendären Dichter Homer zugeschriebene Epos *Odyssee*. Sizilianische Schauplätze der Irrfahrten des Odysseus sind die Höhle des Kyklopen Polyphem (IX. Gesang) und die Meerenge zwischen Skylla und Charybdis (XI. und XII. Gesang). Nachdem Odysseus und seine Gefährten dem Kyklopen entkommen sind, finden sie bei König Aiolos, dem Hüter der Winde, auf einer der Äolischen Inseln Aufnahme. Dieser sorgt für günstigen Westwind, der Odysseus bis auf Sichtweite zur Heimat Ithaka treibt; doch die Gefährten öffnen den Schlauch, in dem die ungünstigen Winde eingeschlossen sind, und die Schiffe werden zu Aiolos zurückgetrieben, der Odysseus nunmehr die Aufnahme verwehrt (IX. Gesang).

Unmittelbar nach dem Tod des Thukydides (Athen, um 460 – Athen [?], um 400 v. Chr.) erscheint dessen in acht Büchern gegliederte *Geschichte des Peloponnesischen Krieges*, mit deren Abfassung der Vater der „modernen", um pragmatische Schilderung bemühten Geschichtsschreibung unmittelbar nach Beginn der Kriegshandlungen im Jahr 431 v. Chr. begonnen hat. Die Bücher VI und VII handeln von der katastrophal endenden Sizilischen Expedition (415–413 v. Chr.).

Bei seinem Tod in Brindisi im Jahr 19 v. Chr. hinterlässt Vergil sein Epos *Aeneis*. Der aus dem brennenden Troja geflüchtete Aeneas wird mit seinen Gefährten unmittelbar vor der Landung in Italien nach Sizilien an die Kyklopenküste zu Füßen des Ätna verschlagen. (Hier begegnen sie einem der zurückgebliebenen Gefährten des Odysseus namens Achaemenides, der vom Abenteuer mit Polyphem berichtet.) Bald darauf erscheint der von Odysseus geblendete Riese selbst, gefolgt von seinen Artgenossen. Aeneas entkommt und umsegelt Sizilien, vorbei an der Insel Ortygia (der Keimzelle von Syrakus), an Gela, Akragas, Selinos und Lilybaion nach Drepanon (Beisetzung von Aeneas' Vater Anchises). Von hier aus geht die Fahrt weiter nach Karthago (III. Gesang). Nach der Trennung von Dido (IV. Gesang) kehrt Aeneas nach Drepanon (Trapani) zurück, begegnet seinem Halbbruder Eryx und hinterlässt beim Aufbruch nach Italien mehrere Gefährten, die Vorfahren der Elymer (V. Gesang).

Mittelalter

Der Hof des Staufers Friedrich II. in Palermo bildet den Mittelpunkt der Sizilianischen Schule mit Dichtern aus der weltlichen Elite. Die volkssprachliche Lyrik der Scuola Siciliana gründet sich thematisch auf die Liebesdichtung der provenzalischen Trobadors und wird zum wesentlichen Ausgangspunkt der italie-

Boccaccio, *Decamerone*-Illustration zur sechsten Novelle des fünften Tages in einer französischen Bilderhandschrift (Paris, um 1414–19; Biblioteca Apostolica Vaticana, Pal. lat. 1989, fol. 166r). Der Schauplatz ist Palermo. Links überrascht Friedrich II. von Aragón im Lustschloß Cuba einen Jüngling mit einem Mädchen, das zuvor dem König geschenkt worden war. Dem Feuertod entgeht das Liebespaar, indem die beiden als Mitglieder von Familien erkannt werden, die maßgeblich an der Vertreibung der Franzosen beteiligt waren und denen somit Friedrich II. seine Herrschaft verdankte.

nischen Dichtung. Eine metrische Neuerung mit nachhaltiger Wirkung ist das Sonett, das sich zu einer der beliebtesten Gedichtformen in der europäischen Lyrik entwickelt.

Der Florentiner Giovanni Boccaccio verfasst 1349–53 die volkssprachliche Novellensammlung *Il Decamerone*. Die Rahmenhandlung schildert das Wüten der Pest in Florenz, vor der sieben junge Frauen und drei Jünglinge in eine ländliche Idylle flüchten. An zehn Tagen erzählen sie sich jeweils zehn Geschichten. Schauplatz der sechsten Novelle des fünften Tages, der dem Thema riskanter Liebesbeziehungen mit glücklichem Ausgang gewidmet ist, bildet Palermo.

19. Jahrhundert

1797–1800: Friedrich Hölderlin arbeitet an drei jeweils fragmentarischen Fassungen seines Trauerspiels in fünf Akten *Der Tod des Empedokles* mit den Schauplätzen Akragas und Ätna. Uraufführung in einer Bearbeitung von Wilhelm von Scholz; Stuttgart, 1916.

1803: Buchausgabe und Uraufführung (Weimar) des Trauerspiels *Die Braut von Messina oder Die feindlichen Brüder* von Friedrich Schiller (vgl. S. 11). Im selben Jahr veröffentlicht Johann Gottfried Seume seine *Wanderung nach Syrakus im Jahre 1802*. In Form von Briefen und Tagebuchaufzeichnungen schildert Seume die politischen, wirtschaftlichen und sozialen Verhältnisse mit seinem durch die Aufklärung geschärften Blick auf feudalistischen und klerikalen Machtmissbrauch. Er gehört zu den Mitbegründern des Genres der gesellschaftskritischen „Reisebilder“ (Heinrich Heine).

1810: Achim von Arnim veröffentlicht den Zeitroman *Gräfin Dolores*. Bereits im zweiten Teil reist Klelia, die Schwester der Titelheldin, nach Sizilien. Dort heiratet sie einen Herzog und wird im vierten Teil von Dolores und deren Familie besucht.

1813: In Venedig bringt Gioacchino Rossini seine erste ernste Oper, das „Melodramma eroico“ *Tancredi* zur Uraufführung; dt. Erstaufführung *Tankred* 1816 in Darmstadt. Schauplatz ist Syrakus im Jahr 1005.

1816/17: Dreißig Jahre nach seinem Aufenthalt in Italien (1786–88) veröffentlicht Goethe als „Zweite Abteilung“ seiner Autobiografie *Aus meinem Leben* den auf der Grundlage seines Diariums verfassten Bericht *Italienische Reise*. Der im zweiten Band enthaltene sizilianische Teil reicht vom 2. April bis zum 13. Mai 1787.

1827: Mailänder Uraufführung von Vincenzo Bellinis Oper *Il pirata;* dt. Erstaufführung *Der Pirat* 1829 in Dresden.

1831: Pariser Uraufführung der französischen Oper *Robert le diable* von Giacomo Meyerbeer (Jacob Liebmann Meyer Beer); Libretto: Eugène Scribe. Dt. Erstaufführung *Robert der Teufel* in Berlin 1832. Schauplatz der von Motiven der „schwarzen Romantik“ geprägten Handlung ist Palermo im 13. Jahrhundert. Robert, Sohn der Herzogin der Normandie und eines Satandieners, ist nach Sizilien verbannt; hier soll er von seinem Vater dazu verführt werden, einen Teufelspakt zu schließen, doch rettet ihn die Liebe Isabellas. Den Höhepunkt bildet der 3. Akt: In einem Kloster vollführen die zum Leben erweckten Nonnen ein Bacchanal und bringen Robert dazu, einen zauberkräftigen Blütenzweig vom Grab der hl. Rosalia zu brechen.

1836: Uraufführung von Richard Wagners Frühwerk *Das Liebesverbot* (frei nach Shakespeares *Maß für Maß*) in Magdeburg. Schauplatz ist Sizilien im Mittelalter.

1855: Pariser Uraufführung der für die Weltausstellung komponierten Oper *Les Vêpres siciliennes* von Giuseppe Verdi; dt. Erstaufführung *Die sizilianische Vesper* 1857 in Darmstadt. Schauplatz ist Palermo 1282.

1862: Uraufführung der Oper *Béatrice und Bénedict* von Hector Berlioz in Baden-Baden. Schauplatz ist Messina im 16. Jahrhundert, Ziel der Handlung die Heilung der Titelfiguren von ihrem Widerstand gegen die Ehe (nach Shakespeares Komödie *Viel Lärm um nichts*).

1880: Giovanni Verga veröffentlicht in der Novellensammlung *Vita dei campi* (Landleben) die Erzählung *Cavalleria rusticana* (Bauernehre; dt. *Sizilianische Bauernehre*, 1885). Die dramatisierte Fassung wird 1884 uraufgeführt, die Opernfassung von Pietro Mascagni 1890 in Rom; dt. Erstaufführung 1891 in Hamburg. Eine Filmversion *Cavalleria rusticana* (dt. *Sizilianische Leidenschaft*) von Carmine Gallone (mit Anthony Quinn) folgt 1953.

1881: Giovanni Verga veröffentlicht seinen Roman *I Malavoglia* (dt. *Sizilianische Fischer. Die Familie Malavoglia*, 1940); Schauplatz ist Aci Trezza (vgl. S. 23).

Arturo Bianchi, *Bildnis Giovanni Verga*, 1911, Catania, Museo Verga

20. Jahrhundert

1941: Elio Vittorini veröffentlicht seinen Roman *Conversazione in Sicilia* (dt. *Tränen im Wein*, 1943): Der junge Silvestro reist in die sizilianische Heimat und wird in Gesprächen, vor allem mit der Mutter, mit Leid und Schuld konfrontiert. Die Erzählweise weist auf den Neorealismus voraus. 1908 in Syrakus geboren, arbeitete Vittorini ab 1927 in Norditalien im Baugewerbe und ab 1930 in Florenz als Journalist. Seine Beteiligung am antifaschistischen Widerstand spiegelt der Partisanenroman *Uomini e no* (1945; dt. *Dennoch Menschen*, 1946, 1963). Als Mitarbeiter des Verlages Enaudi in Mailand gehört Vittorini zu den wichtigsten Entdeckern von literarischen Talenten, beispielsweise Leonardo Sciascia.

1942: Seinen ersten literarischen Erfolg erreicht Vitaliano Brancati mit dem Roman *Don Giovanni in Sicilia* (dt. *Don Giovanni in Sizilien*, 1958). Der Titelheld Giovanni Percolla ist ein typischer Vertreter des südländischen erotischen Imponiergehabes, des „gallismo". Sein Interesse gilt vor allem dem Gespräch über Frauen, was „in Catania mehr Freude bereitete als die Frauen selbst". In Mailand, wohin er mit seiner norditalienischen Ehefrau zieht, wird aus dem Schürzenjäger ein Gejagter, den es in die sizilianische Heimat mit ihrer traditionellen Rollenverteilung zurückzieht. Mittelbar richtet sich Brancatis Sittenkritik gegen das auf Schwäche beruhende Imponiergehabe des Faschismus.

1949: Luchino Visconti inszeniert mit Laiendarstellern *La terra trema* (dt. *Die Erde bebt*), eine freie Filmversion von Vergas Roman *I Malavoglia* (1881). Roberto Rossellini inszeniert den Film *Stromboli*.
Brancatis zweiter Roman, *Il bell'Antonio* (dt. *Bell'Antonio*, 1961), ist die tragikomische Geschichte eines umschwärmten, aber impotenten Mannes. Seinen ironisch-distanzierten Blick auf das Grotesk-Alltägliche begründet Brancati im *Diario romano* (1961): „Eine Gesellschaft, die Angst vor dem Komischen hat, gibt damit sehr schnell zu erkennen, dass sie schwach ist."

1950: Im Todesjahr des Titelhelden Salvatore Giuliano, eines in Montelepre bei Partinico geborenen Banditen, schildert der Regisseur Aldo Vergano in seinem Film *I Fuorilegge* (dt. *Giuliano – der Rebell von Sizilien*) dessen von einem Winkeladvokaten gesteuerte, als idealistischer Nationalismus verbrämte Verbrecherlaufbahn in den Jahren 1943 bis 1950.

1958: Postum erscheint der Roman *Il Gattopardo* (dt. *Der Leopard*, 1969) des aus sizilianischem Adel stammenden Juristen, Offiziers und erst in den letzten Lebensjahren schriftstellerisch tätigen Fürsten Giuseppe Tomasi di Lampedusa. Geschildert wird der Niedergang des sizilianischen Fürstengeschlechts Salina. Dessen letzter Repräsentant, der „Leopard" Fabrizio, erkennt die Schwäche der überkommenen Ordnung, ohne sich mit den zur Einigung Italiens drängenden bürgerlichen Kräften identifizieren zu können. Als erstes Kapitel einer geplanten Fortsetzung erscheint 1961 die Erzählung *Il mattino di un mezzadro* (dt. *Der Aufstieg eines Pächters*, 1961).

1960: Mit Alain Delon in der Titelrolle inszeniert Luchino Visconti das Sozialdrama *Rocco e i suoi fratelli* (dt. *Rocco und seine Brüder*): Die aus Sizilien nach Mailand ausgewanderte Familie der Witwe Rosaria geht unter den Lebensbedingungen der modernen Industriestadt zugrunde.

1961: Mit dem Film *Salvatore Giuliano* (dt. *Wer erschoss Salvatore G.?/Der Fall Salvatore Giuliano*) greift der Regisseur Francesco Rosi erneut die Biografie des Banditen unter sozialkritischer Perspektive auf.
Kritik an der italienischen Ehe- und Strafgesetzgebung, die Scheidung ausschließt, Gattenmord aus verletzter Ehre jedoch

Luchino Visconti, Plakat zur französischen Fassung der Filmversion (1962) von Giuseppe Tomasi di Lampedusas Roman *Il Gattopardo*.

als Kavaliersdelikt bewertet, übt Pietro Germi mit seiner schwarzen Komödie *Divorzio all' italiana* (dt. *Scheidung auf italienisch*). In der Rolle des ehemüden Barons Cefalù im Städtchen Agramonte, dem es gelingt, sich beim Mord an der Gattin als Verteidiger seiner Ehre in Szene zu setzen, brilliert Marcello Mastroianni.

1962: Mit Burt Lancaster in der Titelrolle, Alain Delon als Tancredi und Claudia Cardinale als Angelica verfilmt Luchino Visconti den Roman *Il Gattopardo* (dt. *Der Leopard*) von Giuseppe Tomasi di Lampedusa. Den Höhepunkt des zugleich prunkvoll und morbide gestalteten Films bildet der Ball, auf dem sich die Vertreter der aristokratischen alten und der bürgerlichen neuen Gesellschaft zu einem Totentanz vereinen.

1966: Leonardo Sciascia veröffentlicht seinen Roman *A ciascuno al suo* (dt. *Tote auf Bestellung*, 1968), der noch im selben Jahr unter der Regie von Elio Petri verfilmt wird (dt. *Zwei Särge auf Bestellung*). In einer Kleinstadt bei Palermo werden der Apotheker Manno und sein Freund hinterrücks erschossen. Der als sonderlicher „Reformist“ abgestempelte Gymnasialprofessor Laurana versucht, die vermeintliche Liebestragödie zu entschlüsseln. Er bleibt erfolglos, da in das wirtschaftliche und politische Intrigennetz der Mafia die maßgeblichen Vertreter aller Gesellschaftsschichten eingesponnen sind. Buch und Film üben Gesellschaftskritik mit formalen Mitteln aus der angelsächsischen Tradition der Kriminalstory. Dies gilt bereits für Sciascias Roman *Il giorno della civetta* (1961; dt. *Der Tag der Eule*, 1964). 1921 in Recalmuto bei Agrigent geboren, war Sciascia bis 1957 Lehrer und widmete sich danach ausschließlich der Literatur. Zu seinen Studien gehören *Pirandello e il pirandellismo* (1953) und *Pirandello e la Sicilia* (1961) über Sizilien und den aus Girgenti bzw. Agrigent stammenden Träger des Nobelpreises für Literatur (1934) sowie *Feste religiose in Sicilia* (1965). Als Abgeordneter der Partito Radicale gehört Sciascia 1979–83 dem italienischen und dem europäischen Parlament an.

Pietro Germi, Programmheft zur schwarzen Komödie mit Marcello Mastroiani als Baron Cefalù

Giuseppe Tornatore, Szenenfoto aus *L'uomo delle stelle* (dt. *Der Mann, der die Sterne macht*) mit Sergio Castellito in der Titelrolle des Joe Morelli.

1969: Nach einem Roman von Auguste Le Breton inszeniert Henri Verneuil *Le Clan des Siciliens* (dt. *Der Clan der Sizilianer*). Ein entflohener Strafgefangener (Alain Delon) entführt ein Flugzeug mit Juwelen an Bord nach New York. Doch der Ehrenkodex wird ihm zum Verhängnis: Der Chef (Jean Gabin) erschießt ihn nach Intimitäten mit seiner Schwiegertochter.

1984: In der u. a. von RAI, ORF und ZDF produzierten Fernsehserie Allein gegen die Mafia wird Capitano Corrado Cattani (Michele Placido) zum Märtyrer eines aussichtslosen Kampfes gegen das Bündnis zwischen Mafia, Politik und Großkapital. Die Serie wird in über 70 Ländern ausgestrahlt.

1996: Für seinen fünften Spielfilm erhält der (in seiner Heimatstadt Palermo zeitweilig als Kulturstadtrat tätige) Regisseur Giuseppe Tornatore in Venedig den Sonderpreis der Biennale-Jury: *Der Mann, der die Sterne macht* erzählt von dem betrügerischen Talentsucher Joe Morelli, der durch Sizilien reist und – mit leerer Kamera – für den Preis von 1500 Lire Probeaufnahmen macht. Die Aussicht auf Starruhm fördert Enttäuschung und Erwartungen zutage, die aufgrund der Mitwirkung von über hundert Laiendarstellern den Eindruck dokumentarischer Glaubwürdigkeit gewinnen.

1997: Andrea Camilleri, geb. 1925 in Porto Empèdocle, verwandt mit Pirandello, in Rom als Drehbuchautor und Regisseur tätig, veröffentlicht den vierten seiner Kriminalromane mit Commissario Montalbano, *La voce del violino* (dt. *Die Stimme der Violine*, 2000). Zu seinem Œuvre gehören auf Sizilien angesiedelte historische Romane einschließlich der Gesellschaftssatire *Der unschickliche Antrag* (dt. 1999) über die bis zu einem Mord reichenden Folgen eines Antrags auf einen Telefonanschluss, mit dem sich Held Pippo die Koordination seines Liebeslebens erleichtern will.

Register

Orte, Geografie

D
F
G
H
I
Strómbolicchio
Strómboli
S. Vicenzo
Lìparische oder Äolische Inseln
Panarea
S. Pietro
Filicudi
Alicudi
Pecorini
Malfa
Salina
Lingua
Rinella
Lipari
Lìpari
Porto Levante
Vulcano
er
Mortelle
C .di Milazzo
Milazzo
A20
Tindaro
Barcellona
Pozzo di Gotto
Messina
Patti
S. Biagio
A18
Straße von Messina
Reggio d
Calabria
Palermo
Soliunt
Bagheria
Cefalù
S. Stefano
di Camastra
Frazzano
S. Marco
d'Alùnzio
Monti Peloritani
Itala
Ali
Tèrmini
Imerse
A19
Halaesa
A20
S116
Alcàntara
Siculo
a degli
nesi
Imera
Castel-
buono
Mistretta
Alcàntara-
Schlucht
Castel-
mola
Forza d'Agrò
Taormina
Giardini-Naxos
Capo Schisco
Diana
Càccamo
Imera
Monti Nebrodi
Geraci
Monti Madonie
Randazzo
S121
A19
Troina
Lingua-
glossa
leone
Gangi
Bronte
Ätna
3323m
Sperlinga
Nicosìa
S284
Ionisches Meer
Lercara
Friddi
S121
Adrano
S189
Nicolosi
cani
Calascibetta
Leonforte
Agira
Centuripe
Acireale
Aci Trezza
Mussomeli
Paternò
Aci Castello
Enna
Pergusa
S192
A18
A19
Dittaino
Catania
Platani
Lago di
Pergusa
Caltanissetta
S. Àngelo Muxaro
Monti Erei
Aidone
Lago di
Ogliastro
Gornalunga
Aragona
S640
Canicatti
Piazza
Armerina
S117b
Palagonia
Lèntini
Agrigent
Naro
Porto
Empèdocle
Mazzarino
S417
Augusta
Caltagirone
Grammichele
S194
Megara Hyblaea
Salso
S626
Monti Iblei
Thapsos
Palma di
Montechiaro
Butera
Niscemi
Vizzini
Ferla
Pantàlica
S115
Buccheri
Syrakus
Licata
Gela
Anapo
S287
Palazzolo
Acrèide
S514
Comiso
Vittoria
Ragusa
Noto
Avola
Donna-
fugata
Kamarina
Mòdica
S115
Eloro
Irminio
Scicli
Ispica
Pachino
Pozzallo
Portopalo
di C. Pàssareo
Capo Pàssareo
I. d. Correnti

Personen

Bildnachweis

Die Fotos von Herbert Hartmann werden durch Vorlagen folgender Herkunft ergänzt:
Archiv für Kunst und Geschichte, Berlin: S. 14, 155, 30/31, 54, 62/63, 67, 69 (4), 76, 81, 86, 87, 117 u., 122
Günter Beysiegel, Stuttgart: S. 34, 75 u., 116
Fratelli Fabbri Editori, Mailand: S. 110, 117 o., 118, 119, 121
Siegfried J. Gragnato, Stuttgart: S. 39 (2)
Kinoarchiv Peter W. Engelmeier, Hamburg: S. 123 u.
Ernst-Alfred Lentes, Felsberg: 122, 56/57, 114/115
Dr. Peter Schönfelder, Pentling: 38 (2)

Karten:
Helena Vogel 78
Claudia Zeh 124/125